Kritisch hinterfragt

Die „Kritisch hinterfragt"-Reihe greift kontroverse und für die Gesellschaft relevante Themen aus psychologischer Sicht auf und entlarvt gängige Mythen und Vorurteile. Die Bandbreite der Themen kommt aus allen Teilgebieten der Psychologie. Jeder einzelne Band konzentriert sich auf ein spezielles psychologisches Themengebiet. Um den Leser abzuholen und das Interesse aufrecht zu erhalten, sind an entscheidenden Stellen Fragen eingearbeitet. Die Inhalte sind wissenschaftlich fundiert, jedoch nicht nur informativ, sondern unterhaltsam und humorvoll in leicht verständlicher Sprache verfasst.

Bände in der Reihe „Kritisch hinterfragt":

Niklas, Mit Würfelspiel und Vorlesebuch – Welchen Einfluss hat die familiäre Lernumwelt auf die kindliche Entwicklung?, ISBN 978-3-642-54758-4

Sprenger, Joraschky, Mehr Schein als Sein? – Die vielen Spielarten des Narzissmus, ISBN 978-3-642-55306-6

Gündel, Glaser & Angerer, Arbeiten und gesund bleiben – K. o. durch den Job oder fit im Beruf, ISBN 978-3-642-55302-8.

Weitere Bände sind in Planung.

Bernd Sprenger · Peter Joraschky

Mehr Schein als Sein?

Die vielen Spielarten des Narzissmus

Bernd Sprenger
Coaching Organisationsentwicklung
Berlin, Deutschland

Peter Joraschky
Klinik und Poliklinik für Psychotherapie und
Psychosomatik
Universitätsklinikum Dresden
Dresden, Deutschland

ISBN 978-3-642-55306-6   ISBN 978-3-642-55307-3 (eBook)
DOI 10.1007/978-3-642-55307-3

Die Deutsche Nationalbibliothek verzeichnet diese Publikation in der Deutschen Nationalbibliografie; detaillierte bibliografische Daten sind im Internet über http://dnb.d-nb.de abrufbar.

Springer Spektrum
© Springer-Verlag Berlin Heidelberg 2015
Das Werk einschließlich aller seiner Teile ist urheberrechtlich geschützt. Jede Verwertung, die nicht ausdrücklich vom Urheberrechtsgesetz zugelassen ist, bedarf der vorherigen Zustimmung des Verlags. Das gilt insbesondere für Vervielfältigungen, Bearbeitungen, Übersetzungen, Mikroverfilmungen und die Einspeicherung und Verarbeitung in elektronischen Systemen.

Die Wiedergabe von Gebrauchsnamen, Handelsnamen, Warenbezeichnungen usw. in diesem Werk berechtigt auch ohne besondere Kennzeichnung nicht zu der Annahme, dass solche Namen im Sinne der Warenzeichen- und Markenschutz-Gesetzgebung als frei zu betrachten wären und daher von jedermann benutzt werden dürften.

Planung und Lektorat: Marion Krämer, Martina Mechler
Redaktion: Birgit Jarosch
Einbandentwurf: deblik, Berlin
Einbandabbildung: © deblik/fotolia.de

Gedruckt auf säurefreiem und chlorfrei gebleichtem Papier.

Springer Spektrum ist eine Marke von Springer DE. Springer DE ist Teil der Fachverlagsgruppe Springer Science+Business Media
www.springer-spektrum.de

Vorwort

Die schillernde und glänzende Oberfläche vieler gesellschaftlicher Phänomene im medialen und globalen Zeitalter schafft in regelmäßigen Rhythmen die Wiederkehr des Buchtitels von Lasch (1988) *Das Zeitalter des Narzissmus*. Unsere Momentaufnahmen des Narzissmus im Spiegel unserer Zeit sollen die Phänomene und das Spektrum zwischen den Möglichkeiten individueller Selbstentfaltung und -erhöhung konstruktiv beschreiben. Aber auch der negative Beitrag des ichbezogenen Egomanen, der danach drängt, sich öffentlich sichtbar zu machen, wird beschrieben. Wir beleuchten das Thema dabei aus zwei Perspektiven: einer allgemeinen, soziokulturellen Sichtweise, die mit der Brille des Coaches und Organisationsberaters auf narzisstische Phänomene blickt, und der Brille des Arztes und Hochschullehrers, der an der genauen wissenschaftlichen Beschreibung interessiert ist.

Wir wollen, ausgehend von den Stärken und Verletzlichkeiten narzisstischer Entwicklung, auch dem gesunden Narzissmus, dem gesunden Selbstgefühl und dessen Entwicklung ein besonderes Augenmerk schenken. Da heute besondere Extrembedingungen in beruflichen Krisenanfälligkeiten wie Burn out im Zusammenhang mit narzisstischen Dekompensationen gesehen werden, sollen auch aktuelle Perspektiven narzisstischer Vulnerabilität in der heutigen Zeit, die zu einem Behandlungsbedarf führen, wie auch immer schon bestehende Grenzüberschreitungen und Suchtanfälligkeit im pathologischen Narzissmus angeführt werden. Insofern wird ein großer Bogen über ein Kontinuum von hoher Verletzlichkeit, über Selbstwertstabilität hin zu pathologischen Kompensationsformen einer persönlichen Vulnerabilität „im Kern des Selbst" dargestellt.

Verschiedene Wissenschaften beschäftigen sich mit Phänomenen des Narzissmus. Auf der einen Seite sind dies die Sozialwissenschaften, die Persönlichkeits- und Sozialpsychologie mit dem „normalen Narzissmus" (z. B. Bierhoff und Herner 2009), auf der anderen Seite sind es traditionell vor allem die Psychoanalyse mit dem therapeutischen Aspekt, die allesamt auf sehr unterschiedlichen Ebenen Diagnostik und psychotherapeutische Ansätze bei einer „narzisstischen Persönlichkeit" entwickelt haben.

Wir gehen also nicht von einer primären pathologischen Konnotation des Narzissmus aus, sondern von der narzisstischen Regulation als dynamisches

Prinzip für die Differenzierung des Selbstgefühls und die Regulation des Selbstwerts. Viele werden aber zu dem Buch greifen, um Antworten zu finden auf ihre Fragen: Sind meine narzisstischen Anteile, die mir von der Umgebung zurückgespiegelt werden, noch gesund oder pathologisch? Welche Persönlichkeitsseiten meines Partners empfinde ich als selbstbezogen, nicht empathisch und für den anderen entwertend? Lebe ich in einem beruflichen Team, in dem ich das Gefühl habe, dass meine Minderwertigkeitsgefühle zunehmen, dass ich mich immer mehr bewerte und vergleiche, dass ich das Gefühl habe, mich nicht wirklich zu entwickeln und auch kein echtes Interesse anderer an mir feststelle? Dies macht deutlich, wie mit der Thematik fortwährend Bewertungssysteme, hierarchische Abstimmungen und Machtaspekte verbunden sind.

Wann gilt ein Mensch zum Beispiel als narzisstisch? Narzisstisch steht im Volksmund für Charakterzüge, die als negativ akzentuiert gelten: Der unterhaltsame Redefluss eines Gastes gewinnt unter dem bewundernden Interesse der Zuhörer an Fahrt und mündet in ausufernde Selbstdarstellungen, sodass die Zuhörer zunehmend innerlich kündigen, sich aber äußerlich noch zu scheinbarem Interesse verführen lassen.

In der kontroversen Diskussion wird die Macht der Rede zunehmend sichtbar. Das immanente Ziel, eine Antwort auf die Frage „Wer hat Recht?" zu finden, gewinnt an Bedeutung, das Interesse an der differenten Meinung des anderen lässt nach. Qualitativ geht diese Entwicklung häufig einher mit Übertreibungen – man nimmt es mit der Wahrheit nicht mehr so genau, der Zweck heiligt die Mittel, das Ziel ist die Meinungsmacht und Recht zu behalten.

Mit diesen Beispielen haben wir hoffentlich Ihr Interesse an den Spielarten „alltäglicher narzisstischer Phänomene" und an der Lektüre dieses Buches geweckt.

Inhaltsverzeichnis

Teil I
Allgemeiner Teil

1	Der Mythos vom Knaben Narkissos	3
2	„Alle denken sie nur an sich, nur ich selbst denke an mich!"	9
3	„Liebe Deinen Nächsten wie Dich selbst"	21
4	Traumpaare	31
5	Politische Macht und Narzissmus	39
6	„There is no business like show business"	53
7	Businesshelden	65

Teil II
Klinischer Teil

8	Fragen und Antworten zum Narzissmus	79

Literatur 149

Sachverzeichnis 153

Teil I

Allgemeiner Teil

Narzisstische Phänomene in Kultur, Wirtschaft und Gesellschaft

Zunächst gehen wird in diesem Teil des Buches dem Ursprung des Begriffs „Narzissmus" nach, der bis in die Antike reicht. Dann werden wir einige benachbarte Begriffe genauer untersuchen – und dabei feststellen, dass bei unserer Thematik rasch massive Werturteile ins Spiel kommen – als gäbe es bei diesem komplexen Phänomen ein „Nur gut" oder ein „Nur schlecht". Die Frage, in welcher Form uns narzisstische Phänomene im heutigen Alltag begegnen, werden wir anhand der Beziehungen zu uns selbst und zu anderen untersuchen und die Auswirkungen narzisstischer Phänomene in der Politik, dem Showbusiness und der Wirtschaft aufzeigen.

1

Der Mythos vom Knaben Narkissos
Die alte Geschichte eines neuen Begriffs

? Worauf geht der Begriff „Narzissmus" zurück?

Der Begriff Narzissmus hat seinen Namen vom antiken Mythos des Narkissos:

> Narkissos war der Sohn der Nymphe Leiriope und des Flussgottes Kephissos. Kephissos hatte Leiriope vergewaltigt, sie wurde mit Narkissos schwanger. Auf die bange Frage der Mutter, welches Schicksal Ihren Sohn erwarte, weissagte ihr Teiresias, der Seher, dass ihr Sohn ein hohes Alter erreichen würde – und dass er sein ganzes Leben nach sich selbst suchen werde, ohne sich jemals wirklich zu finden.
>
> Narkissos war kaltherzig und liebesunfähig. Er war sehr schön, wies aber die Liebe von Frauen und Männern zurück. Die Nymphe Echo verliebt sich unsterblich in ihn, aber er erwidert ihre Liebe nicht, woraufsie aus Kummer stirbt. Das Einzige, was von ihr bleibt, ist eine Stimme – als Echo auf andere, lebendige Stimmen.
>
> Nun beschließen die Götter (je nach Version der Geschichte die Göttin Nemesis, die für die Vergeltung der Götter bzw. für die Gerechtigkeit zuständig ist oder die Liebesgöttin Aphrodite), ihn für seine Lieblosigkeit zu bestrafen. Sie sorgen dafür, dass er sich in sein Spiegelbild verliebt, welches er beim Trinken aus einer klaren Quelle im Wasser erblickt.
>
> Er erkennt erst nach langer Zeit, dass es sich nicht um eine andere Person handelt, sondern um sein eigenes Spiegelbild – was ihn traurig macht und zum Weinen bringt. Die Tränentropfen zerstören das Spiegelbild auf der Wasseroberfläche, und er wird so verzweifelt, dass er sterben muss an seinem seelischen Leid. Nach der Verbrennung der Leiche, so der Mythos, wächst aus der Asche die Narzisse (Abb. 1.1).

Der antike Narkissos ist also ein Mensch, der von den Göttern dazu verdammt wurde, andere nicht lieben zu können – er kann nur sich selbst lieben – was ihm schließlich den Tod bringt. Dass die Liebe zu sich selbst für menschliches Glück nicht ausreicht, drückt sich sehr poetisch im Bild der Flüchtigkeit des eigenen Spiegelbildes im Wasser aus: Die leiseste Irritation, die die Wasseroberfläche sich kräuseln lässt (zum Beispiel eine herabfallende Träne), zerstört das geliebte Bild.

Befriedigende Beziehungen zu anderen Menschen sind ganz offensichtlich eine wesentliche Quelle von Zufriedenheit und Glück im Leben. Die Formen, in denen diese Beziehungen gelebt werden können, variieren, und zwar so stark wie selten zuvor in der Menschheitsgeschichte. Dies gilt allerdings nur für die liberalen, „westlichen" Demokratien; auch heute noch gibt es große Teile der Welt, in denen bestimmte Beziehungsformen, etwa homosexuelle Lebensgemeinschaften, gesellschaftlich stark geächtet werden.

Abb. 1.1 Dünen-Trichternarzisse (*Pancratium maritimum*)

Die Grundtatsache bleibt aber auf der ganzen Welt dieselbe: Befriedigende Beziehungen sind ein wesentlicher Schlüssel für ein erfülltes oder gar glückliches Leben.

Ebenfalls aus der Antike stammt ein weiterer Mythos, der dies illustriert. Es ist die Geschichte von Philemon und Baucis, die von Ovid in seinen *Metamorphosen* aufgeschrieben wurde:

> Die beiden sind ein altes Ehepaar, das in einer Hütte am Stadtrand lebt. Göttervater Zeus und Hermes, der Götterbote, besuchen die Stadt und bitten unerkannt in verschiedenen Häusern darum, für die Nacht aufgenommen zu werden. Alle weisen sie ab, außer Philemon und Baucis, die die Götter mit den ärmlichen Mitteln, die sie haben, bewirten, freilich ohne zu erkennen, dass es sich um Götter handelt.
>
> Als diese sich zu erkennen geben, erschrecken die Gastgeber und bitten um Verzeihung dafür, dem hohen Besuch nicht mehr bieten zu können.
>
> Die Götter lassen die ungastliche Stadt in einer Flut untergehen und verwandeln das ärmliche Heim von Philemon und Baucis in einen goldenen Tempel, zu dessen Priester sie die beiden bestellen.
>
> Das alte Ehepaar hat einen Wunsch frei und bittet darum, dass nicht der eine vor dem anderen sterben muss, sondern sie beide gleichzeitig das Zeitliche

segnen dürfen. Die Götter gewähren den Wunsch, lassen die beiden noch lange leben und verwandeln, als es Zeit ist zu sterben, ihn in eine Eiche und sie in eine Linde.

Philemon und Baucis sind quasi das mythologische Gegenstück zu Narkissos – dort die Unfähigkeit, zu lieben und Beziehungen einzugehen, hier der Archetyp einer gelungenen Beziehung. Ganz nebenbei wird dabei auch deutlich, dass Menschen, die in guten Beziehungen leben, sowohl bescheiden, als auch gastfreundlich und gottesfürchtig sind. Die selbstsüchtige Stadt hingegen wird vernichtet. Hier werden im Gewand des antiken Mythos bereits Aussagen getroffen, die zwei Jahrtausende später die moderne psychologische und anthropologische Forschung durchaus bestätigen kann.

In heutiger Sprache würde man sagen: Das Bindungsbedürfnis gehört zu den psychologischen Grundbedürfnissen des Menschen; wird dieses Bedürfnis erfüllt, sind die Chancen, ein zufriedenes Leben zu führen, recht hoch.

?

Wie wirkt sich Narzissmus auf die Bindungs- und Beziehungsfähigkeit eines Menschen aus?

Menschen, die nur sich selbst lieben können, müssen dagegen auch heute in der Tat oft einen hohen Preis für ihre Liebes- und Bindungsunfähigkeit bezahlen. Mindestens ist es das heftige seelische Leid, das aus den massiven Beziehungsstörungen zu anderen Menschen erwächst, manchmal gibt es auch die Höchststrafe: den Tod, wie im Mythos – im wirklichen Leben nicht selten durch Suizid, um ein als letztlich sinnlos erlebtes Leben zu beenden.

Ein Beispiel für diesen Preis ist die Geschichte eines Mannes, der es dank seiner Intelligenz und seines Talentes zu großem wirtschaftlichem Erfolg gebracht hatte. Seine berufliche Karriere hatte alle Zutaten eines modernen Heldenmärchens: Prädikatsabschluss an einer Eliteuniversität, schon mit Anfang 30 in der oberen Hierarchieebene eines Unternehmens, international unterwegs, verkehrend in den „besten Kreisen" und mit ständig steigendem Einkommen, nicht selten in großen Sprüngen. Die Beziehungsgeschichte war geprägt von ständig wechselnden Beziehungen – man sah ihn allerdings nie ohne eine bemerkenswert schöne Frau an seiner Seite (von den Kommilitonen seines Abschlussjahrgangs an der Uni als „Trophäenfrauen" bezeichnet – schon dieses Wort macht deutlich, dass es nie um die Frauen ging, sondern immer nur um ihn).

Er hatte mit der Zeit drei Kinder von zwei verschiedenen Frauen. Alle drei Ehen, die er eingegangen war, zerbrachen, und mit allen Kindern entstanden mit der Zeit tiefe Zerwürfnisse; sie nahmen in der Regel dann ihren Anfang, wenn die Kinder alt genug waren, um ihren eigenen Weg zu gehen und vom Vater als eigenständige Personen gewürdigt werden wollten, wozu dieser nicht in der Lage war.

Aufgrund einer Krebserkrankung kam es bei ihm zu einem Karriereknick. Das bisherige glamouröse High-Speed-Leben war nicht mehr ohne Weiteres möglich. In dieser Situation merkte er erstmals, wie einsam es um ihn geworden war. Die durch die Krankheit ausgelöste Ohnmacht führte dazu, dass er sich selbst das Leben nahm – im Abschiedsbrief verklärte er den Suizid als letzte grandiose Tat („… will ich dem Krebs nicht erlauben, aus mir ein jämmerliches Häufchen Elend zu machen, deshalb wähle ich selbstbestimmt den Freitod.") Nicht einmal der Tod sollte größer sein als er.

> **Eigenliebe** Die Eigenliebe entspricht dem gesunden Narzissmus.

> **Selbstsucht** Die Selbstsucht entspricht dem krankhaften Narzissmus.

Nun unterscheidet man in der modernen Psychologie einen gesunden von einem pathologischen Narzissmus (Abschn. 8.3). Wir werden in Abschn. 8.3 auf die psychologische Notwendigkeit eines gewissen Ausmaßes an Eigenliebe genauer eingehen.

> **Fazit**
>
> Schon in der Antike entstand der Mythos vom Jüngling Narkissos. Mythologische Erzählungen sind Geschichten, die Allgemeingültigkeit für bestimmte Zusammenhänge der Welt beanspruchen und in bildhafter Form Sinn vermitteln. Dem Mythos von Narkissos, der nur sich selbst lieben kann und daran zugrunde geht, steht ein anderer antiker Mythos gegenüber: die Erzählung von Philemon und Baucis, die ihr Glück und ihre Erfüllung in der Liebe des anderen finden. Anhand eines Beispiels aus unserer Zeit wird deutlich, dass auch heute Menschen sehr einsam und unglücklich werden können, die sich selbst zu narzisstisch als den alleinigen Mittelpunkt allen Lebens sehen.

2

„Alle denken sie nur an sich, nur ich selbst denke an mich!"

Egoismus ist unanständig, Altruismus ist gut?

> **Egoismus** Als Egoismus bezeichnet man das Streben einer Person, sich selbst die eigenen Wünsche zu erfüllen, Vorteile zu ergattern oder sich durchzusetzen, ohne Rücksicht auf andere Menschen.

> **Altruismus** Altruismus ist der Gegenbegriff zum Egoismus und bezeichnet die Handlungsweisen einer Person, die selbstlos sind und die Interessen des anderen (lat. *alter*) in den Mittelpunkt stellen.

Wie viel Egoismus tolerabel ist und wem gegenüber er ausgelebt werden darf, variiert in verschiedenen Kulturen und Zeiten sehr stark.

Zum Beispiel gibt es im Berliner Stadtteil Neukölln schon seit Jahren eine mehr oder weniger heftig aufflammende Debatte über die sogenannten Parallelkulturen, die dort existieren. Insbesondere wenn es um die Werte geht, die für eine Kultur oder Subkultur gelten, nimmt die Debatte an Heftigkeit zu. Dabei wird immer wieder die Frage gestellt, ob es angehen kann, dass es ethnisch geschlossene Clans in diesem Stadtteil gibt, die bezüglich der Frage, wie viel Egoismus zu tolerieren ist und wie viel Gemeinsinn gefordert werden muss, um dazuzugehören, andere Standards haben als sie in der heutigen deutschen Mehrheitsgesellschaft gelten. Diese Clans definieren die Grenzen, innerhalb derer es notwendig ist, solidarisch zu sein, anders – in der Regel sind diese Definitionen bestimmt von den Standards des Ursprungslandes, aus dem die Clans stammen.

> **Parallelkultur oder Parallelgesellschaft** Als Parallelkultur oder -gesellschaft bezeichnet man eine Minderheit innerhalb einer Gesellschaft oder Gemeinschaft, die sich nach anderen Normen und Regeln richtet, als sie in der Mehrheitsgesellschaft gelten.

Es gibt seit der Antike und bis heute Kulturen, in denen der Leitsatz gilt, dass man gegenüber den Angehörigen der eigenen Gruppe/des eigene Stammes unbedingte Loyalität, Solidarität und altruistisches Verhalten zu zeigen hat, aber nicht gegenüber jemandem, der nicht zur eigenen Gruppe gehört. Das geht in unserem Neuköllner Beispiel so weit, dass die Mitglieder der entsprechenden Gruppe eine weit höhere innere Verpflichtung gegenüber den Clangesetzen empfinden als gegenüber den bürgerlichen oder Strafgesetzen der Bundesrepublik. Die Boulevardpresse verkürzt diesen Umstand dann auf Schlagzeilen wie „Mafia-Strukturen in Neuköllner Familienclans". Juristisch betrachtet geht es selbstverständlich nicht, dass eine Subgruppe der Gesellschaft eigene Gesetze über die Gesetze des Staates stellt. Nichtsdestotrotz gibt es durchaus viele Gruppen, die genau das tun (etwa auch religiöse Fundamentalisten, egal welcher Religion). In unserem Zusammenhang erwähnen wir dieses Beispiel, um zu zeigen, dass Begriffe wie Egoismus und Altruismus durchaus kulturabhängig sind und eine bestimmte Gut-böse-Bewertung nur im Kontext ihrer Entstehung verstanden werden kann. Das ist zwar bisweilen anstrengender, als einen bestimmten Begriff und dessen bewertende Einordnung in „gut" oder „schlecht" zu übernehmen, aber diese differenzierte Betrachtung ist unseres Erachtens trotzdem unerlässlich.

?

Wo liegen die Grenzen des Altruismus?

Ein historisches Beispiel für die Frage, wo die Grenzen des Altruismus zu verlaufen haben, ist die Geschichte vom barmherzigen Samariter in der Bibel (Lk. 10,25–37). Sie zieht ihre Wirkung genau in der Tatsache, dass „einer aus Samaria" jemandem hilft, der eben gerade nicht von seinem Stamm ist, und genau das als moralisch hochstehend bewertet wird. Darin ist nichts weniger als ein Paradigmenwechsel zu sehen (eben die christliche Sicht). Jemandem zu helfen, der zur eigenen Gruppe gehört, ist in der Gesellschaft heute wie in der vor 2000 Jahren, in der diese Geschichte spielt, selbstverständlich und moralisch nichts Besonderes. Auch in kriminellen Vereinigungen gilt das Gesetz der unbedingten Loyalität nach innen bei gleichzeitiger „Verhaltensregel", gegenüber Außenstehenden jedes altruistische Verhalten zu unterlassen bzw. ihm zu schaden – das ist so bei Jugendbanden in Berlin wie bei der Mafia in Italien. Das Neue, das im Gleichnis vom barmherzigen Samariter ausgedrückt wird, ist der Wechsel der Norm: Auch der Fremde, der nicht zu meinem Stamm gehört, ist in der christlichen Sicht der „Nächste", den zu lieben geboten wird.

In einer eurozentrischen Weltsicht erscheint es uns bisweilen selbstverständlich, dass die Kombination aus christlicher Tradition und allgemeiner Erklärung der Menschenrechte das Maß aller Dinge ist, wenn es um die Bewertung der Frage geht, wie egoistisch jemand sein darf und wie viel nichtegoistisches Verhalten notwendig ist, um leben zu können. In der Regel wird diese Frage entlang des Gut-böse-Werteschemas diskutiert, das in seiner plattesten Form wie folgt lautet: Egoismus ist böse, Altruismus ist gut.

?
Was hat Egoismus mit sozialer Gerechtigkeit zu tun?

Dieses Werteschema ist auch der Hintergrund, wenn es um die Fragen der sozialen Gerechtigkeit geht. Unter diesem Begriff werden sehr verschiedene Diskurse subsummiert. Wir möchten hier einmal einen dieser Diskurse herausgreifen: Es geht um die Frage, welche Managergehälter angemessen sind. Bei dieser Diskussion, die in den letzten Jahren periodisch immer wieder auftaucht, geht es in der Regel gar nicht um wirtschaftliche Fragen, wie man meinen könnte, sondern um *moralische*. Es wird als „böse" empfunden, wenn ein Manager das Zigfache eines Durchschnittsangestellten seiner Firma verdient, es gilt als egoistisch. Wir wollen gar nicht in Abrede stellen, dass man prüfen könnte, ob ein Gehalt eines Spitzenmanagers angemessen ist oder nicht, aber es würde doch naheliegen, das mit wirtschaftlichen Argumenten zu tun (etwa dem, ob die Leistung dieses Managers einen Mehrwert für das Unternehmen gebracht hat und wie hoch der ist). Dann käme sicherlich heraus, dass es Spitzenkräfte gibt, die tatsächlich nicht verdienen, was sie erhalten; aber es gäbe auch den umgekehrten Fall, wo selbst ein Millionengehalt aus Sicht der Firma ein gutes Geschäft ist: wenn nämlich der entsprechende Gehaltsbezieher dafür gesorgt hat, dass das Unternehmen, das ihn beschäftigt, sehr erfolgreich ist. Nur: Es geht bei der Diskussion nur am Rande um diese Frage, sondern es wird – meist ohne dass dies explizit benannt wird – ein moralisches Gut-böse-Thema verhandelt.

Wenn Werteschemata dieser Art benutzt werden, dringt man oft gar nicht mehr zu den Fragen wie „Gut wozu?" oder „Böse in Bezug worauf?" Um zu verdeutlichen, was hier gemeint ist, vielleicht noch einige Beispiele.

In der derzeitigen Diskussion um die Belastbarkeit von Arbeitnehmerinnen und Arbeitnehmern taucht immer öfter die Feststellung auf, heutige Arbeitsbedingungen in den entwickelten Industrieländern würden einen Burn-out fördern und begünstigen – die Krankheitsstatistiken scheinen das zu belegen: Der Anteil der Arbeitsunfähigkeitstage wegen psychischer Störungen (insbesondere Depression und Angst) nimmt seit Jahren stetig zu.

Wenn man mit Führungskräften der Wirtschaft zu diesem Thema arbeitet, wird bei den meisten eine erstaunliche Bereitschaft sichtbar, sich selbst und die eigenen Bedürfnisse hintanzustellen. Man kann diese Bereitschaft im Rahmen strukturierter Interviews erfragen: Dabei wird ermittelt, wie sehr jemand bereit ist, sich selbst aufzuopfern. Die Motive für eine solche Bereitschaft sind ganz verschieden. Sie gehen von schlichtem Ehrgeiz über die Vorstellung, man sei nur dann eine gute Führungskraft, wenn man das Letzte gibt, bis zur Angst um den Arbeitsplatz. Diesen, so meint man, könne man eben nur behalten, wenn man bereit sei, sich aufzuopfern für den Job und sich notfalls sogar buchstäblich totzuarbeiten. In Japan gibt es für den Tod durch Überarbeitung sogar ein eigenes Wort: *karoshi*.

?

Wie lassen sich Selbstaufopferungsbereitschaft und Altruismus unterscheiden?

Krishnan und Singh, zwei indische Managementforscher, beschreiben im Kontext ihrer Arbeit, dass man empirisch gut zwischen Selbstaufopferungsbereitschaft und Altruismus unterscheiden könne – und das ist für unser Thema interessant. Altruismus hat danach immer diejenigen oder dasjenige im Blick, wofür sich jemand altruistisch verhält. Im Gegensatz dazu die Selbstaufopferung: Sie ist primär nicht auf einen spezifischen Zweck gerichtet, sondern selbstbezüglich – wir würden sagen: mit grandioser Attitüde. Die (häufig kokettierend zur Schau getragene) Selbstaufopferungsbereitschaft von Führungskräften hat eine deutlich narzisstische Komponente. Die Betreffenden wollen für Ihre Aufopferungsbereitschaft bewundert und gelobt werden. Im Gegensatz dazu wäre der Altruismus etwas, was ausdrücklich auf diese Komponente verzichtet: „Tue Gutes und rede *nicht* darüber", ist hier die Devise aus der Bergpredigt im neuen Testament (Math. 6,1–4).

?

Welche Folgen kann eine unausgewogene Balance zwischen Altruismus und Egoismus für jeden Einzelnen haben?

Die Balance zwischen der Fürsorge für sich selbst bzw. der Verfolgung von Eigeninteressen – was im Gut-böse-Wertesystem als Egoismus bezeichnet wird – und der Fürsorge für andere und dem Engagement für das Ganze, zum Beispiel die Firma – was dann dem Altruismus gleich käme – geht mit der Zeit immer mehr verloren. Das führt dann häufig zu vielfältigen Dramen. Auf der persönlichen Ebene dadurch, dass Menschen, die diese Balance für sich nicht finden, tatsächlich ausbrennen und krank werden. Es wird beispielsweise immer weniger Zeit für die Familie und die Kinder reserviert, was dem gedeihlichen Zusammenleben auf Dauer natürlich abträglich ist. Im Beruflichen, beispielsweise bezogen auf die Firma, für die man sich aufopfert, geschieht sogar etwas Paradoxes: Ein ausgebrannter Mitarbeiter, der im günstigsten Fall lange wegen Krankheit ausfällt und im ungünstigsten seinen Job gar nicht mehr machen kann, nützt dem Unternehmen nämlich gar nichts.

Wenn man Menschen betrachtet, die so leben, wird die Forderung, man möge den „Nächsten lieben wie sich selbst" geradezu zur Drohung gegenüber dem Mitmenschen. Man möchte wahrlich nicht behandelt werden, wie diese Leute mit sich selbst umgehen – das Aufopfern nützt nämlich am Ende überhaupt niemandem, und selbst die narzisstische Gratifikation, die der sich aufopfernde „Held" verlangt, wird ihm am Schluss versagt, wenn er ausgebrannt ist.

---?
Hilfe für andere zwischen narzisstischen und altruistischen Motiven. Warum bietet man anderen Menschen Hilfe an?

Ein anderes Beispiel dafür, wie zu große (vermeintliche) Opferbereitschaft durchaus negative Konsequenzen haben kann, sehen wir, wenn wir uns Hilfssysteme aller Art ansehen: von individueller – zum Beispiel medizinischer – Hilfe bis zu großen Hilfssystemen, beispielsweise internationalen Entwicklungshilfeorganisationen. Es geht bei funktioneller Hilfe nämlich immer darum, das Optimum an Hilfe zu leisten, damit derjenige, dem geholfen wird, (wieder) auf eigenen Füßen stehen kann. Wird dieses Optimum mit einem Maximum (nämlich dem Maximum an möglicher Hilfe) verwechselt, entsteht oft eine paradoxe Wirkung. Die Hilfe macht abhängig, statt wirklich zu helfen. Bertolt Brecht hat ein Beispiel für gute Hilfe einmal recht drastisch in einem schönen Gedicht dargestellt:

Die Krücken
   Sieben Jahre wollt kein Schritt mir glücken.
   Als ich zu dem großen Arzte kam
   Fragte er: wozu die Krücken?
   Und ich sagte: ich bin lahm.
   Sagte er: Das ist kein Wunder.
   Sei so freundlich, zu probieren!
   Was dich lähmt ist dieser Plunder,
   Geh, fall, kriech auf allen vieren!
   Lachend wie ein Ungeheuer
   Nahm er mir die schönen Krücken
   Brach sie durch auf meinem Rücken
   Warf sie lachend in das Feuer.
   Nun, ich bin kuriert: ich gehe.
   Mich kurierte ein Gelächter.
   Nur zuweilen, wenn ich Hölzer sehe
   Gehe ich für Stunden etwas schlechter.
   (Brecht 1967)

Unter der Fahne des Altruismus werden gar nicht so selten Strukturen zementiert, die abhängige Hilfsempfänger geradezu dazu erziehen, Hilfsempfänger zu bleiben. Diese Form des Altruismus, die die ein oder andere Hilfsorganisation durchaus „auszeichnet", dient nicht so selten mehr der Befriedigung der eigenen narzisstischen Bedürfnisse als dem Bedarf dessen, dem geholfen werden soll: Um als Hilfsorganisation eine Existenzberechtigung zu haben, muss es nämlich Hilfsempfänger geben, die der Hilfe durch diese Organisation bedürfen.

Im Extremfall werden sogar dysfunktionale Strukturen nur deshalb zementiert, weil die Helfenden sonst ihre Existenzberechtigung verlören. Eine Geschichte, die das beispielhaft illustriert, ist uns vor vielen Jahren im Sudan begegnet. Es gab dort christliche Organisationen, die sich zum Ziel gesetzt hatten, südsudanesische Sklaven freizukaufen, die von nordsudanesischen Milizen gefangen genommen worden waren. Damals verstummten die Gerüchte nie, dass es die „Sklavenmärkte" nur gebe, weil es diese Christen gebe, die die Sklaven freikauften. Wir konnten nie beweisen, dass dem wirklich so war, aber es hätte uns angesichts der florierenden „Helferindustrie" nicht gewundert. Im Hinblick auf den Narzissmus ist es beim Thema „Hilfe" – vor allem bei organisierter Hilfe – immer sinnvoll zu prüfen, inwiefern die narzisstischen Wünsche der Helfer nach Bewunderung im Mittelpunkt der Aktionen stehen oder es tatsächlich das Wohlergehen der Bedürftigen ist.

Dabei kann es durchaus passieren, dass einem „edle Helfer" mit regelrechter Erbitterung begegnen, wenn man die nach außen scheinbar rein altruistische Motivation hinterfragt und die narzisstischen Motive des Helfens auch nur anspricht.

An diesen Beispielen kann man ganz gut zeigen, dass es nicht so recht weiterhilft, sich mit dem schlichten Werturteil „Egoismus ist böse, Altruismus ist gut" zu begnügen. Wir benutzen Werturteile dieser Art ja gerne, weil sie die Komplexität reduzieren. Wenn ich einen einfachen Gut-böse-Kompass benutze, muss ich mich (vermeintlich) nicht mehr mit der Kompliziertheit des Einzelfalls auseinandersetzen. Es scheint, als ginge es um eine vernünftige Balance – um die Balance zwischen „Egoismus" und „Altruismus", und das immer im Hinblick auf einen bestimmten Kontext.

Dazu noch ein anderes Beispiel. Wenn in einer Masse von Menschen Panik ausbricht, könnte man davon sprechen, dass sich ein biologisch determinierter Egoismus Bahn bricht. Der Einzelne ist nur noch von einem blinden Überlebenswillen gesteuert, der enorme Kräfte freisetzen kann. Das führt in der Praxis dazu, dass Menschen, die beispielsweise in einem überfüllten Tunnel in Panik zum Ausgang drängen (wie etwa bei der Duisburger Love-Parade im Jahr 2010 geschehen), andere Menschen tottrampeln können. Wäre es gelungen, ohne Panik und geordnet bzw. geplant der Enge zu entgehen, hätten diese Menschen vermutlich überlebt. Wir sehen also, dass bis in biologische Mechanismen hinein – wie die Panikreaktion bei echter oder gefühlter Lebensgefahr – das Überwiegen eines Pols („nur für sich" contra „nur für die anderen") selten sinnvoll und hilfreich sein kann. Das gilt auch für die Frage nach dem Grad und der Ausprägung des Narzissmus.

> **?**
>
> Welche Ausprägungen des Narzissmus gibt es und wie sind sie zu bewerten? Es gibt nach unserer Meinung hier kein Richtig oder Falsch. Die Frage ist vielmehr: Wie zeigen sich narzisstische Züge (einer Person, einer Kultur) in welchem Zusammenhang, und welche Konsequenzen hat das jeweils?

Wir wollen anhand von Beispielen untersuchen, wie sich das Phänomen „Narzissmus" hier und heute in unserer Lebenswelt abbildet und was das mit sich bringt. An dieser Stelle ist uns wichtig, noch einmal ausdrücklich darauf hinzuweisen, dass die Maßstäbe dafür, wieviel Narzissmus zu tolerieren ist, stark davon abhängen, auf welche soziologische Gruppe von Menschen sich dieser Maßstab bezieht.

In einer klösterlichen Gemeinschaft etwa, die schon äußerlich durch die einheitliche Tracht individuelle Unterschiede ihrer Mitglieder nicht als wesentliches Merkmal der Gemeinschaft definiert, wird ein sich sehr narzisstisch (= ichbezogen) gebärdender Mensch schnell unangenehm auffallen. Quasi am anderen Ende der Skala, im Bereich des Showbusiness, das zu einem nicht unerheblichen Anteil vom Starkult lebt, gilt genau das Umgekehrte: das Herausragen, das „Seht-her-nur-ich-bin-so", wird geradezu gefordert, wenn jemand Erfolg haben will. Das macht die Antwort auf die Frage, wo eigentlich der pathologische Narzissmus beginnt, nicht unbedingt einfacher.

> **?**
>
> Gibt es narzisstische Kulturen oder Zeitalter?

Die beiden letzten Beispiele (Mönche/Nonnen – Popstars) beziehen sich auf definierte Subgruppen der heutigen Zeit. Kann man auch von einer mehr oder weniger narzisstischen Kultur oder gar Zeitalter sprechen?

Es ist ja bemerkenswert, dass der Mythos, von dem das Phänomen seinen Namen erhält, 2000 Jahre alt ist und dem klassisch-griechischen Götteruniversum entstammt – also muss es wohl schon damals ein Phänomen gegeben haben, wie wir es heute klinisch als Störung kennen: den Menschen, der im Prinzip bindungsunfähig ist und nur sich selbst lieben kann. Die Frage bleibt, ob es Zeitalter gibt, die Narzissmus eher begünstigen und solche, in denen das nicht der Fall ist.

Fangen wir mit der Gegenwart an. Warum wird von der heutigen Zeit als „narzisstisches Zeitalter" gesprochen? Zum einen gilt diese begriffliche Zuweisung sicherlich nur für die westlichen Industrieländer und deren Kultur, die allerdings in vielen Beziehungen inzwischen eine weltweite Kultur geworden ist. Zumindest dort, wo der *american way of life* als erstrebenswert gilt, kann man von einer Globalisierung bestimmter Haltungen sprechen, allem voran der Haltung des Individualismus.

2 „Alle denken sie nur an sich, nur ich selbst denke an mich!"

Die Idee, dass das Individuum einen Zweck und einen Wert an sich darstellt, unveräußerliche, universal gültige Menschenrechte besitzt und selbst bestimmen kann (und muss), wie es sein Leben gestaltet, ist im Kern verhältnismäßig neu. Sie wurde erst in der europäischen Aufklärung im Detail ausformuliert und dann sehr erfolgreich exportiert – zunächst in die Neue Welt, dann aber überall hin bis in bis dato entlegene Winkel der Erde.

Nichtsdestotrotz hat sich diese Idee bis heute keineswegs weltweit durchgesetzt und auch in Europa gab es historisch immer wieder Zeiten und Systeme, in denen diese Idee nicht staatstragend war. Sowohl der Faschismus („Du bist nichts, Dein Volk ist alles") als auch der reale historische Sozialismus, wie er im sowjetischen Machtblock praktiziert wurde, setzte das Kollektiv vor das Individuum.

Historisch betrachtet war vor der Aufklärung eine Narzissmusdebatte, wie wir sie heute führen, vermutlich nicht denkbar. Das Mittelalter hatte ein durchweg anderes Menschen- und Weltbild: Der Platz des Einzelnen war in einer von Gott gegebenen (feudalen) Ordnung festgelegt und ein glückliches und zufriedenes Leben war dem versprochen, der sich in diese Ordnung einfügte und seine Rolle darin erfüllte.

Man macht sich vermutlich im Alltag zu wenig klar, dass vergangene Epochen früher oder ganz andere Kulturen heute eine vollkommen andere mentale Ausstattung derer, die in ihnen leben, erforderten.

> **Mentale Ausstattung** Der Begriff „mentale Ausstattung" bezeichnet die Art und Weise, wie ein Mensch Dinge wahrnimmt, innerlich kategorisiert und wie er denkt.

Die Idee der Bedeutung eines Individuums im heutigen Sinne wäre dem mittelalterlichen Menschen vermutlich gar nicht gekommen, und er hätte sie möglicherweise auch abstrus gefunden. Diese mentale Ausstattung ist sehr stark von der Kultur und der Zeit, in der er lebt, geprägt – und in der Regel fällt uns das gar nicht auf. So wie wir fühlen und denken, tut das die Mehrheit der Menschen unserer Kultur in unserer Zeit.

Ich meine damit nicht die Unterschiede im Kunstgeschmack oder die Vorliebe für eine politische Richtung und ähnliches – die sind natürlich uneinheitlich. Es geht um Grundkategorien der Wahrnehmung und des Denkens wie die Frage, ob wir andere Menschen als eigenständige Individuen wahrnehmen (wie wir es heute tun) oder als Teil einer bestimmten Gruppe, eines Standes oder einer Kaste. Daher ist es wohl schwierig, vergangene Zeiten oder andere Kulturen von heute aus zu beurteilen, also mit unserer heutigen mentalen Ausstattung. Dieses Argument wird ja auch heute von Vielen benutzt, die sich bewusst und aktiv dagegen wehren, dass die Ideale der europäischen Aufklärung weltweite und für alle Menschen verbindliche Geltung beanspruchen. Sowohl aus China als auch dem arabischen Kulturraum gibt es Stimmen, die sich gegen diese Form des kulturellen Imperialismus zur Wehr setzen und zum Beispiel einen Gottesstaat fordern, in dem das islamische Recht gilt und innerhalb dessen die Bedeutung des Individuums eine ganz andere ist als in den modernen europäisch geprägten Rechtstraditionen.

Das narzisstische Zeitalter bezieht sich also sehr stark auf eine Welt, die von Werten und Idealen geprägt ist, die dem Individuum einen sehr hohen Stellenwert einräumen und die dessen Rechte sehr hoch achten. Nur eine solche Kultur bietet den Nährboden dafür, dass Individuen einzigartig sein und deswegen bewundert werden können.

Nun ist heute noch eine Besonderheit der Entwicklung der modernen Welt zu berücksichtigen. Es geht um die Entwicklung der Wirtschaftswissenschaften und deren praktischer Anwendungen. Im ausgehenden 20. Jahrhundert hat sich eine von Chicago ausgehende neoliberale Sichtweise fast weltweit durchgesetzt, die den Eigennutz der einzelnen Marktteilnehmer als einziges Motiv wirtschaftlichen Handelns voraussetzt. Diese Sicht geht davon aus, dass Menschen bei allem, was sie tun, einzig und allein davon beherrscht sind, ihren eigenen – und zwar ausschließlich ökonomischen! – Vorteil zu suchen (das Konstrukt des sogenannten *Homo oeconomicus*). Diese Weltsicht hat trotz (oder vielleicht gerade wegen?) ihres stark simplifizierenden Menschenbildes einen erstaunlichen Einfluss gewonnen und besitzt den Charme aller einfachen Welterklärungsmodelle: Die Welt erscheint berechenbar.

Eine über Jahrhunderte eher moralische fragwürdige Maxime wurde plötzlich nicht nur gesellschaftsfähig, sondern geradezu zum Imperativ für den modernen Menschen. „Geiz ist geil!" wurde ein prämierter Werbeslogan, und in manchen Teilen der Jugendkultur galt ein Aufkleber als schick, auf dem Stand: „Eure Armut kotzt mich an!" „Du Opfer!" und „Du Looser!" wurden zu beliebten Schimpfwörtern unter Jugendlichen, und das Ideal der Zeit in der Popkultur und in der Werbung waren coole, unnahbare und selbstbewusste „Winner-Typen".

Dieser Siegeszug einer neoliberalen Weltsicht hatte im wirklichen Leben enorme Konsequenzen: von der Bildung einer Schicht von Superreichen wie den Magnaten, die sich im postsowjetischen Russland das ehemals vergesellschaftete Volksvermögen unter den Nagel rissen, bis zu den entfesselten Finanzmärkten des Westens. Weder die Geschichten von einzelnen Börsenspekulanten, die traditionsreiche Bankhäuser zerstörten, noch die Lehman-Brothers-Pleite oder die amerikanische Immobilienblase mit ihren katastrophalen Folgen wären denkbar gewesen, wenn nicht eine geistige Vorbereitung durch dieses Denken erfolgt wäre.

Es gab in der Geschichte immer wieder Phasen der ideologischen Entfesselung der Ichbezogenheit. Der Siegeszug der neoliberalen Chicago Boys erinnert beispielsweise sehr an das *enrichissez vous* („bereichert Euch"), das dem französischen Minister Guizot zugeschrieben wird, der damit in zynischer Weise die Maxime der Herrschaft Louis Philippes (nach 1830 in Frankreich) charakterisierte.

Wenn man sich den Satz aus der Überschrift – „Alle denken sie nur an sich, nur ich selber denke an mich!" – in klagendem Ton vorgetragen vorstellt, reizt er spontan zum Lachen. Vom Standpunkt formaler Logik betrachtet ist dieser Satz eine Tautologie: Wenn alle nur an sich denken, ist es logisch, dass auch ich nur an mich denke. Derjenige, der sich darüber beklagt, macht sich lächerlich – weil er durch sein eigenes Verhalten („nur ich selber denk an mich") genau dazu beiträgt, worüber er sich beklagt: nämlich, dass alle nur an sich selbst denken.

Man muss sich allerdings vergegenwärtigen, dass die Bewertung eines Systems, welches diesem Motto folgt, stark differieren kann. Der Satz wird in manchen Bereichen sehr ernst genommen. In Teilen der Wirtschaftswissenschaften – vor allen Dingen in der trivialisierten Wahrnehmung der Tradition von Adam Smith – wird davon ausgegangen, dass genau diese Maxime zum größten Wohlstand Aller führen würde.

Wenn alle am Wirtschaftsleben Beteiligten ihren eigenen Vorteil verfolgten und sich auf einem „Markt" begegneten, dann werde die „unsichtbare Hand" eben dieses Marktes quasi von alleine dafür sorgen, dass der größtmögliche Wohlstand für die größtmögliche Zahl der Marktteilnehmer resultiert. Es ist das wirtschaftsliberale Credo quasi in Reinform – und die Vertreter dieser Idee würden behaupten, dass sich hier die Ichbezogenheit sehr segensreich auswirke.

In einer anderen Tradition wird genau das Gegenteil behauptet – nämlich, dass dieses Verhalten („nur ich selber denk an mich") die Hölle sei. Diese Sicht wird ganz gut illustriert wird das durch folgende Geschichte, deren Ursprung nicht ganz klar ist (einige behaupten, es sei ein russisches Märchen, andere, es handele sich um eine chassidische Geschichte, hier paraphrasiert nach Thomas Kremers; www.thomas-kremers.de/kooperatives-lernen/eine-rabbinische-geschichte/):

> Ein Mensch fragt einen weisen Rabbi, was der Unterschied zwischen Himmel und Hölle sei. Der Rabbi bittet ihn, sich folgendes Bild zu vergegenwärtigen:
> „Auf einem Tisch steht ein großer Topf leckerer Suppe. Um den Tisch herum sitzen Menschen, die jeder einen Löffel in der Hand haben, der an der Hand festgewachsen ist und außerdem länger ist als der eigene Arm, sodass sie ihn nicht zum Mund führen können."

„Das ist die Hölle – oder der Himmel, je nachdem."

„Je nach was?" fragt der Mensch den Rabbi.

„In der Hölle versucht jeder, von der Suppe zu löffeln, und scheitert, weil der Löffel zu lang ist, um ihn zum eigenen Mund zu führen – alle verhungern. Im Himmel füttern sich die Leute gegenseitig, und alle werden satt."

In diesem Bild wird ein Modell beschworen, das in einem konstruierten Bild das Gegenteil des marktliberalen Verhaltens als Ideal herausstellt – nur wenn jeder an den anderen denkt, werden alle satt.

Schon an diesen wenigen Beispielen sollte deutlich geworden sein, dass ein bipolares Gut-böse-Schema uns nicht weiterbringt bei der Beurteilung, wie viel Egoismus oder Altruismus denn nun richtig oder falsch ist. Wie meistens, kommt es auf den Kontext an und auf die Folgen einer bestimmten Haltung und, daraus resultierend, bestimmter konkreter Handlungen.

Fazit

Am Beispiel der Begriffe von Altruismus und Egoismus wurde gezeigt, dass die Bewertung solcher Begriffe stark von der Kultur abhängt, innerhalb derer sie benutzt werden. Der konkrete soziologische Kontext und die historische Zeit, auf die man sich bezieht, sind ausschlaggebend für die jeweiligen Werturteile. Am Beispiel des „Gleichnis vom barmherzigen Samariter" aus der Bibel (Lk 10,25–37) kann man diesen Umstand gut verdeutlichen: Die Geschichte spielt in einem Umfeld, in dem Barmherzigkeit, Loyalität und Solidarität nur gegenüber Angehörigen des eigenen Stammes gefordert wurden, nicht gegenüber Fremden. Die christliche Werteordnung setzt hier andere Normen, wie in dieser Geschichte deutlich wird.

Wenn man die Verfolgung von Eigeninteressen versus die Fürsorge für andere als sich ausschließende Polaritäten auffasst, kann das im persönlichen und beruflichen Leben zu teilweise schwerwiegenden Problemen führen. Man kann diese Probleme umgehen, wenn man aus dem Entweder-oder von Altruismus und Egoismus ein Sowohl-als-auch machen kann.

Es wurden die Folgen einer Polarisierung beider Begriffe an verschiedenen Beispielen aufgezeigt, etwa an der Zementierung von Abhängigkeiten bei Hilfsempfängern. Nicht selten nennen Helfer für ihr Verhalten ausschließlich altruistische Motive, während sie durch ihr Handeln tatsächlich in erheblichem Ausmaß eigene narzisstische Bedürfnisse befriedigen.

Bei der Antwort auf die Frage, wie viel Narzissmus zu tolerieren sei, kommt es wesentlich auf den Kontext an, innerhalb dessen sich diese Frage stellt. Die häufig gehörte Bezeichnung unserer Zeit als „narzisstisches Zeitalter" ist eine Folge der hohen Bedeutung des Individuums. Diese Bedeutung hat der Einzelne erst seit dem Zeitalter der Aufklärung in Europa erhalten. Im Kapitel werden historische Beispiele aufgeführt, die dem Individuum diese Bedeutung nicht zugemessen wird.

Wir wollen im Buch dieser grundsätzlichen Relativität der Bewertungen – in Abhängigkeit des konkreten jeweiligen Kontextes – so gut wie möglich Rechnung tragen und die verschiedenen narzisstischen Phänomene beim Einzelnen, in Kultur, Politik, Wirtschaft und Gesellschaft beleuchten.

3

„Liebe Deinen Nächsten wie Dich selbst"
Von der Lebensnotwendigkeit der Spiegelung

Wir hatten es schon erwähnt: Wenn heute über Narzissmus diskutiert wird, bekommt der Begriff oft eine negative Konnotation – als sei es etwa schlecht, narzisstische Bedürfnisse zu haben – und das coole Ideal der Popkultur der Gegenwart illustriert paradoxerweise diese Haltung bestens.

> **Narzisstische Spiegelung** Unter narzisstischer Spiegelung versteht man die Wertschätzung, die wir durch andere Menschen erfahren.

Nichts ist realitätsfremder als die Vorstellung, ein Mensch könnte sein Bedürfnis nach der Spiegelung des Selbstwertes und narzisstischer Bestätigung einfach so überwinden. Wie uns die psychologische Forschung gezeigt hat, gehört das Bedürfnis nach Bestätigung des eigenen Wertes durch andere zu den lebenslang vorhandenen psychologischen Grundbedürfnissen von Menschen.

Um das zu verstehen, ist ein Blick in die Entwicklungspsychologie hilfreich. Im Abschn. 8.6 werden wir diesen Aspekt genauer beschreiben. Wenn wir von der „Lebensnotwendigkeit" der Wertschätzung sprechen, ist damit eine alltägliche Erfahrung gemeint, die jeder für sich überprüfen kann: Es ist ungemein wichtig für das eigene Wohlbefinden, ob man von den Menschen, die einen privat oder beruflich täglich umgeben, wertgeschätzt wird oder nicht.

Hier ist der Begriff der Spiegelung ganz hilfreich, weil er anschaulich schon durch das Wort beschreibt, um was es geht. Schon der Narziss der griechischen Sage schaut in einen Spiegel: Er sieht im Wasserspiegel sein eigenes Antlitz, freilich ohne zu realisieren, dass es sein eigenes Gesicht und nicht das eines anderen ist. Wir blicken ständig in andere Gesichter – und das, was uns in diesen Gesichtern „gespiegelt" wird, ist ausschlaggebend für unser Selbstgefühl.

?

Welche Bedeutung hat die Mimik für die Spiegelung des Selbstwertes?

Der Mensch besitzt 26 verschiedene Gesichtsmuskeln; eine der wichtigsten Aufgaben dieser Muskulatur ist die „Produktion" von Mimik. Die Mimik ist wiederum das wichtigste nonverbale Instrument der menschlichen Kommunikation – mit anderen Worten: Das Gesicht, in das wir blicken, gibt uns recht genaue Auskunft über eine ganze Reihe von kommunikativ wichtigen Aspekten. In unserem Zusammenhang geht es darum, dass wir durch das Lesen der Mimik eines Gesprächspartners eine recht genaue Auskunft darüber erhalten, was der von uns hält.

Vielleicht ist es hilfreich, an dieser Stelle einen kleinen Exkurs zu den Gesetzmäßigkeiten menschlicher Kommunikation einzuflechten.

Paul Watzlawick, einer der ersten, der die menschliche Kommunikation systematisch erforscht hat, formulierte als wichtigste Regel: „Man kann nicht nicht kommunizieren." Damit drückt er kurz und knapp aus, dass wir in dem Augenblick, in dem wir mit jemandem sprechen (poetischer ausgedrückt: „in den Spiegel eines anderen Gesichtes schauen"), eine Botschaft empfangen – durch die Mimik des anderen. Natürlich senden wir in diesem Augenblick auch eine Botschaft, weil auch wir uns der Mimik bedienen, und zwar in der Regel nicht bewusst gesteuert. Die Mimik funktioniert sozusagen vollautomatisch.

Die Tatsache, dass – bei zwei Kommunikationsteilnehmern – sich beide gleichzeitig der Mimik bedienen, führte die Kommunikationsforschung zu einer weiteren wichtigen Regel: Kommunikationsprozesse sind kreisförmig – das heißt, dass ich immer gleichzeitig Empfänger einer Nachricht bin (weil ich die Mimik des anderen lese) und eine Nachricht durch meine eigene Mimik sende. Kommunikation ist immer Ursache und Wirkung gleichzeitig.

Eine weitere wichtige Kommunikationsregel besagt, dass jede menschliche Kommunikation einen Inhalts- und einen Beziehungsaspekt besitzt. Beim Inhaltsaspekt wird ein Sachverhalt mitgeteilt, beim Beziehungsaspekt eine Aussage über die Beziehung zwischen den Kommunikationspartnern transportiert. Praktisches Beispiel: Eine Vorgesetzte fragt einen Mitarbeiter mit sehr ernstem Gesicht und in strengem Ton oder freundlich lächelnd und in beiläufigem Ton, ob er diese oder jene Aufgabe schon erledigt habe. Der Inhaltsaspekt ist bei beiden Versionen gleich: „Ist das erledigt?" Der Beziehungsaspekt kann sich erheblich unterscheiden. Im ersten Fall wird eine deutliche Missbilligung mimisch dargestellt (ernster, strenger Blick), im zweiten Fall (lächeln) kommt das Signal: „Zwischen uns ist alles in Ordnung, ich will nur wissen, ob die Arbeit gemacht ist."

Im Fall der Missbilligung kann sich der Mitarbeiter ohne weitere Information keineswegs sicher sein, ob die Vorgesetzte ihn als Person ablehnt oder nur bezogen auf die Aufgabe unzufrieden ist. Das mimische Signal – der Spiegel des Gesichts zeigt Unzufriedenheit, Strenge, Missbilligung – wird in aller Regel nicht bewusst gesendet; das macht es ja so schwer, sich zu verstellen. Wenn wir uns verstellen, müssen wir einen Signalapparat, der normalerweise automatisch mitläuft, bewusst kontrollieren: unsere Mimik und unsere Körpersprache (der zweite große Bereich nonverbaler Kommunikation) (Abb. 3.1).

Die Spiegelung im Gesicht des Gegenübers ist buchstäblich lebensnotwendig. In dem Film *Cast away* („Verschollen") aus dem Jahr 2000 (Regie: Robert Zemeckis) spielt Tom Hanks einen Mann, der mit dem Flugzeug in der Südsee abstürzt und als einziger auf einer unbewohnten Insel überlebt. Er schafft sich

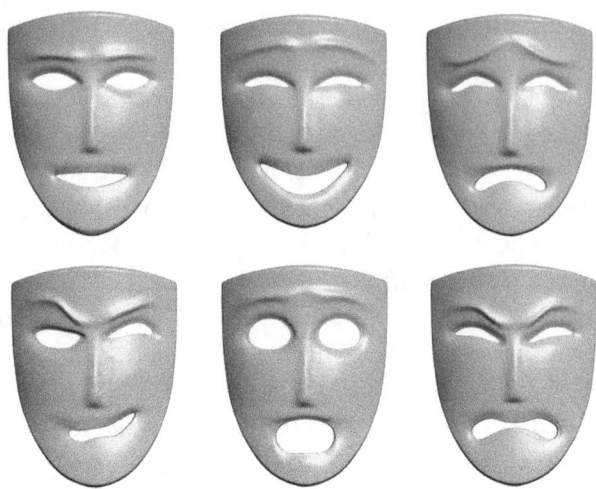

Abb. 3.1 Masken, die grundlegende Affekte durch Mimik darstellen. (Quelle: © Kapley/Fotolia.com)

ein Gegenüber, mit dem er reden kann, indem er einem Ball, den er aus den Trümmern geborgen hat, ein Gesicht aufmalt und mit diesem zu sprechen beginnt. Hier wird mit den Mitteln eines Hollywoodfilms die Notwendigkeit der Spiegelung illustriert – der Hauptdarsteller rettet sich psychologisch, indem er sich einen Gesprächspartner erschafft. Es ist das alte Robinson-Motiv: Auch im historischen Roman (erschienen 1719) über den Schiffbrüchigen Robinson Crusoe spielt sich die erste dramatische Wende ab, als dieser einen Gefährten bekommt, Freitag, den Eingeborenen. Der Mensch ist auf Beziehung angelegt, und unser Gehirn ist in elementarer Weise auf die Notwendigkeit des zwischenmenschlichen Gesprächs angewiesen.

> ?
>
> Welche Bedeutung haben kommunikative Spiegelungsprozesse für die menschliche Entwicklung?

Die gesamte menschliche Entwicklung spielt sich innerhalb solcher kommunikativer Spiegelungsprozesse ab. Wir lernen, wie wir selbst und andere einzuschätzen sind, indem wir von frühester Kindheit an die Spiegel anderer Gesichter benutzen. Wie die Säuglingsforschung gezeigt hat, beginnt das tatsächlich schon beim Neugeborenen. Es gibt offenbar biologisch vererbte Signalerkennungsmechanismen, dank derer wir schon sehr früh in der Lage sind, emotionale Signale voneinander zu unterscheiden.

Kohut, der berühmte Psychoanalytiker und Narzissmusforscher, hat das poetisch so formuliert: „Der Glanz im Auge der Mutter", den das Kind erblickt, sei entscheidend für die Entwicklung eines gesunden Selbstwertgefühls.

Schon in einer menschlichen Entwicklungsphase, die vorsprachlich ist, empfängt der Säugling durch die Wahrnehmung dieses Glanzes die Botschaft: „Du bist willkommen, ich freue mich, dass es Dich gibt!" Diese Bestätigung ist nun nicht nur für das Kind die Basis einer gesunden psychischen Entwicklung, sondern bleibt auch im Erwachsenenalter eine notwendige Bedingung für seelische Gesundheit – und noch viel weiter gehend: für das frühkindliche Überleben.

H. von Pfaundler, ein Kinderarzt, veröffentlichte schon 1915 im Zusammenhang mit einer Untersuchung über frühkindlichen Hospitalismus die Geschichte des Sprachexperiments des Stauferkaisers Friedrichs II. aus dem 12. Jahrhundert:

> Sein [des Kaisers, Anm. d. Autors] lebhaftes Interesse veranlasste ihn zu einem seltsamen Experimente: Er übergab Wärterinnen und Ammen eine Anzahl verwaister Neugeborener zur Aufzucht mit dem Auftrag, ihnen die Brust zu reichen, sie zu reinigen, zu baden etc., aber mit dem strengsten Verbote, sie jemals zu liebkosen und mit ihnen oder vor ihnen ein Wort zu sprechen. Es geschah nach des Kaisers Willen; aber dessen brennende Neugierde fand keine Befriedigung, denn alle Kinder starben im frühesten Alter. Sie konnten ja nicht leben ohne den Beifall, die Gebärden, die freundlichen Mienen und Liebkosungen ihrer Wärterinnen und Ammen.
> (Pfaundler 1915)

In heutigem Licht betrachtet, weist diese Geschichte auf die Relevanz der Spiegelung – sogar für das pure Überleben im Säuglingsalter – hin. Obwohl der Sinn des Experimentes die Suche nach der vermuteten Ursprache gewesen ist, wurde etwas ganz anderes, von den Experimentatoren nicht Erwartetes, deutlich: Menschen brauchen menschliche Zuwendung, um leben zu können.

Hier gilt es, einem weitverbreiteten Missverständnis zu begegnen: Spiegelung bedeutet nicht permanente Beweihräucherung. Es ist nicht lebensangemessen, zu erwarten, dass uns immer nur lächelnde Gesichter begegnen. Spiegelung kann also durchaus auch einen negativen Affekt transportieren. Wenn wir auf jemanden wütend sind, werden wir ihn schwerlich anlächeln. Spiegelung bedeutet Antwort: Wir erhalten durch den Blick in den Spiegel des anderen eine Antwort auf unser sein, und diese kann freundlich-akzeptierend oder unfreundlich-kritisch sein. Beides ist sogar notwendig, um uns orientieren zu können.

Der psychobiologische Sinn von Spiegelungsmechanismen liegt darin, dass wir einen Orientierungsrahmen für unser Selbstwertgefühl erhalten. Wie schon beschrieben, ist es in der Tat so, dass wir alle ein gewisses Ausmaß an positiver Spiegelung brauchen, um leben zu können – besonders in der Phase der kindlichen Entwicklung.

Wenn allerdings jemand bis ins fortgeschrittene Erwachsenenalter hinein so stark abhängig von positiver Spiegelung ist, dass er oder sie bei jeder Form von erlebter Missbilligung oder Kritik innerlich zusammenbricht, stimmt etwas nicht. Hier liegt dann unter Umständen bereits eine therapiebedürftige neurotische Entwicklung vor.

Die Fähigkeit, auch mit negativer Spiegelung so umzugehen, dass das Selbstwertgefühl nicht grundsätzlich infrage gestellt wird, ist das Ergebnis eines menschlichen Reifungsprozesses. Wie bei fast allem, was Gesundheit von Krankheit unterscheidet, geht es auch um die Frage des Maßes. Es gibt für jeden Menschen ein Maß an Herabsetzung, Demütigung oder des Nichtgesehen-werdens, das er nicht so ohne Weiteres wegstecken kann. Das Maß dessen, was jemand diesbezüglich ertragen kann, ist unterschiedlich und hängt von verschiedenen Faktoren ab: der persönlichen Konstitution, der biologischen Ausstattung, vor allem aber der persönlichen Biografie und von den Erfahrungen, die der Betreffende bisher im Leben gemacht hat.

?

Kann man nur eine positive Spiegelung als „Wertschätzung" bezeichnen oder geht es darum, vom anderen in seiner ganzen Person gesehen zu werden?

Der Begriff „Wertschätzung" sollte nicht ausschließlich einschränkt werden auf positive Spiegelung, obwohl das im Kern den Begriff ausmacht. Auch negative Reaktionen auf eine Person sind zumindest Reaktionen, die dieser Person klarmachen, dass sie für den Kommunikationspartner ein Gegenüber ist und nicht „nichts". Das erklärt vielleicht die Beobachtung, warum es manchmal schlimmer ist, gänzlich ignoriert zu werden, als eine negative Antwort zu bekommen – den anderen wie Luft zu behandeln ist eine besonders perfide Form negativer Spiegelung. Da man nicht nicht kommunizieren kann (siehe oben) enthält auch die „Behandlung wie Luft" auch ein Botschaft, nämlich die der Verachtung des anderen.

Es gibt Autoren, die sogar jegliche Gewalt, die Menschen ausüben, auf den Grundmechanismus der mangelnden Wertschätzung, die die Gewalttäter selbst erfahren haben, zurückführen (z. B. Bauer 2011).

> **Narzisstische Balance** Die narzisstische Balance ist die Fähigkeit, sein eigenes Selbstwertgefühl auszutarieren.

Es geht also beim Gebot der Nächstenliebe in der Überschrift dieses Kapitels keineswegs ausschließlich nur um eine moralische Forderung, sondern um die Beschreibung einer psychologischen Notwendigkeit. Die narzisstische Balance hängt lebenslang mit der Art von Spiegelung zusammen, die wir durch andere erfahren.

?
Wie lässt sich die Balance zwischen Selbstliebe und Nächstenliebe finden?

Das berühmte Liebesgebot aus dem neuen Testament, das uns für dieses Kapitel als Überschrift dient, weist auf den Zusammenhang zwischen Selbstliebe und Nächstenliebe hin. Wir sollten bedenken, dass beide Extreme ungesund sind: Derjenige, der nur sich selbst lieben kann und niemanden anderen, wird zwangsläufig unglücklich, wie uns das Schicksal des antiken Narziss vor Augen führt.

Es gibt aber auch das andere Extrem – Menschen, die sich selbst nicht lieben können und diesen Selbsthass bewusst oder unbewusst versuchen durch eine extreme Attitüde der Nächstenliebe zu kompensieren. Ich vermute, hier wird die urchristliche Botschaft gründlich missverstanden als Botschaft der endlosen Selbstkasteiung, so als sei jeder Anflug von Selbstliebe bereits eine Todsünde. Obwohl die Kirchengeschichte und die Geschichte des Christentums voller Beispiele für ein solches Verständnis sind, muss man es wohl doch als Extrem bezeichnen – zumal zu bezweifeln ist, ob jemand, der sich selbst hasst, wirklich in der Lage ist, zu lieben; rein psychologisch geht das eigentlich nicht.

Hierzu ein prominentes Beispiel: Vom heiligen Franziskus wird berichtet, dass er die Selbstkasteiung so weit getrieben habe, bis er irreversible Organschäden davontrug. Als er das realisierte, hat er wohl am Ende seins Lebens erkannt, dass dies nicht gerade im Sinne seines Schöpfers gewesen sein konnte, und er erkannte in dieser Art des Fastens bis zum Krankwerden eine Sünde. In der übertriebenen Selbstkasteiung verbirgt sich letztlich eine Form von Hochmut – und damit eine Haltung, die genau das Gegenteil einer freundlichen, bejahenden Haltung dem Leben gegenüber darstellt. Die von Franziskus praktizierte Form der Selbstkasteiung bis zur Selbstschädigung wurde und wird bis heute als besonders heiligmäßige Form der Nächstenliebe idealisiert. So wird zum Beispiel auch die bedingungslose Unterwerfung der Elisabeth von Thüringen unter einen Mann, der sie nicht nur demütigte, sondern auch grausam behandelte, als Vorbild gepriesen, ebenso wie ihre Gewohnheit, eigene Bedürfnisse bis zur Selbstaufgabe zu verleugnen (Elisabeth wurde ebenfalls von der Kirche heiliggesprochen). Es scheint auch für Heilige gelegentlich nicht ganz einfach zu sein, den schlichten Satz, wonach es notwendig ist, sich selbst zu lieben und den anderen, in die Tat umzusetzen.

Auch in der modernen Gegenwart finden sich genug Beispiele dafür, dass es offenbar schwer ist, die beiden Pole, von denen hier die Rede ist, in Balance zu bringen. Die Abwertung anderer Individuen oder Gruppen ist eine nach wie vor beliebte Methode, um das eigene Selbstwertgefühl vermeintlich zu stärken.

Beim Kampf einer Gruppe gegen die andere – zum Beispiel zweier Fanblocks gegnerischer Mannschaften im Fußballstadion – gilt es allerdings noch einen anderen Mechanismus zu verstehen. Ein gemeinsamer Außenfeind, bzw. das von allen Mitgliedern der eigenen Gruppe geteilte Bild eines solchen, stärkt enorm den Gruppenzusammenhalt. Jede Form der Wir-gegen-sie-Dynamik verstärkt das Zusammengehörigkeitsgefühl all derer, die das „Wir" bilden. Diese psychologische Tatsache machen sich alle zunutze, die auf einen starken Zusammenhalt einer Gruppe angewiesen sind, aber dieser nicht genug bieten können, dass sie „aus sich heraus" zusammenhält. So ist zum Beispiel in der Politik zu beobachten, dass häufig dann, wenn in einem Staat die Dinge innenpolitisch nicht zum Besten laufen, ein Außenfeind dazu dient, den Zusammenhalt der Bevölkerung zu stärken: Das „Wir" ist in diesem Fall das ganze Volk, das „Sie" der jeweilige Außenfeind. Das ist letztlich der Grund für manchen Krieg, der hauptsächlich deshalb vom Zaun gebrochen wurde, um von innenpolitischen Problemen abzulenken. „Ich kenne keine Parteien mehr, ich kenne nur noch Deutsche", sagte Wilhelm II. am 4. August 1914 zu Beginn des Ersten Weltkriegs – er formulierte das klassische Beispiel einer Wir-gegen-sie-Konstellation, die der Kaiser brauchte, um glaubhaft zu machen, dass der Krieg, in dem sich das deutsche Kaiserreich seit Kurzem befand, für alle notwendig war. Damals hat diese Methode funktioniert – das Parlament stimmte mit nur zwei Gegenstimmen geschlossen für die Kriegskredite, auch die sozialdemokratische Opposition hatte sich einbinden lassen.

Diese Gesetzmäßigkeit gilt aber auch bei alltäglicheren Wir-gegen-sie-Konstellationen, zum Beispiel bei Cliquen von Jugendlichen, die mit einer gewissen Inbrunst die jeweils anderen Cliquen und deren Habitus, von dem man sich sorgfältig abzuheben weiß, abwerten.

> **?**
>
> Was hat der Wir-gegen-sie-Mechanismus mit der Spiegelung des Einzelnen und dem eigenen Selbstwertgefühl zu tun?

Der Gewinn für das eigene Selbstwertgefühl ist, wenn man zur Wir-Gruppe gehört, beim Wir-gegen-sie-Mechanismus sehr viel höher als bei einer Spiegelung durch einzelne Menschen. Das liegt zum einen daran, dass die Gruppe immer stärker ist als der Einzelne, und zum anderen daran, dass es wie eine Verstärkung des Spiegels wirkt, wenn eine ganze Gruppe sagt: „Du bist ok, Du bist einer von uns." Genau das ist auch der Grund dafür, warum alle Gruppen, die ein sehr starkes Wir-Gefühl anbieten können, für Menschen mit labilem Selbstwertgefühl sehr attraktiv sind. Diese Gruppen sind häufig totalitär – im religiösen, weltanschaulichen oder politischen Sinn. Totalitarismus heißt, dass sowohl der Anspruch erhoben wird, man habe auf alle Fragen des Lebens eine sinnhafte Antwort, als auch, dass nur die eigene Gruppe und deren Ideologie den Anspruch auf Gültigkeit und Wahrheit hat. Es gibt keinen „pluralistischen Totalitarismus". Wer bereit ist, diesen Anspruch zu akzeptieren und sein differenzierendes Denkvermögen an der Garderobe abzugeben, wird belohnt – er gehört zum starken „Wir", und die Einzahlung auf das Konto des eigenen Selbstwertgefühls ist damit erheblich. Das erklärt möglicherweise auch das Paradox, dass sich Menschen aus (zumindest in deren Bewusstsein) freien Stücken einem Führer oder einer Ideologie unterwerfen, die zu ihrer eigenen persönlichen Vernichtung führen kann. Ich möchte das am Beispiel der Selbstmordattentäter verdeutlichen. Dabei spielt es keine Rolle, für welche Ideologie oder Religion jemand bereit ist, in den sicheren Tod zu gehen. Es scheint für diese Menschen etwas zu geben, das ganz eindeutig einen höheren Wert besitzt als das eigene Leben. Wenn man sie fragen würde, würden sie das vermutlich bestätigen – sei es die höhere Sache die Nation, der Anarchismus oder Allah. Auf der tiefenpsychologischen Ebene ist die „höhere Sache" die Anerkennung, es ist die bedingungslose Wertschätzung, die der Selbstmordattentäter von seiner Gruppe bzw. deren Autoritäten wegen seiner Bereitschaft erfährt, sich für die jeweilige Sache zu opfern. Mit anderen Worten: Das Bedürfnis nach Anerkennung kann Blüten treiben, die bis zur Selbstvernichtung gehen, und zwar sehenden Auges.

Tragisch für die Betroffenen ist die Tatsache, dass die Spanne, in der der Attentäter das Hochgefühl der höchsten Wertschätzung auskosten kann, durch die Selbsttötung begrenzt ist. Auch in diesem Zusammenhang möchten wir nochmals auf den oben schon ausführlicher beschriebenen Unterschied zwischen Selbstaufopferung und Altruismus hinweisen: Die Selbstaufopferung hat eine stark narzisstische Komponente, die im Fall des Selbstmordattentäters bis zur Selbstvernichtung geht, der Lohn dafür ist die grandioseste Anerkennung, die er von seiner Bezugsgruppe überhaupt bekommen kann.

Fazit

Als narzisstische Spiegelung ist die Wertschätzung gemeint, die wir durch andere Menschen erfahren. Die Entwicklung des menschlichen Selbstwertgefühls ist zu einem großen Teil von der Erfahrung dieser Spiegelung geprägt und das Bedürfnis nach Spiegelung bleibt ein lebenslanges Grundbedürfnis. Es hat sich herausgestellt, dass dieses Bedürfnis vital ist – das heißt, es kann zu ernsthaften Erkrankungen führen oder im Extremfall sogar zum Tod, wenn es überhaupt nicht befriedigt wird. Was Spiegelung im Einzelnen bedeutet, wird im Kapitel genauer ausgeführt.

In jeder menschlichen Kommunikation wird neben einem Inhalt, über den gesprochen wird, immer auch eine bestimmte Menge an Information über das Ausmaß der Wertschätzung, die dem Kommunikationspartner entgegengebracht wird, transportiert. Diese Ebene der Kommunikation läuft überwiegend unbewusst ab und bedient sich der Körpersprache, der Mimik und des Tonfalls, in dem gesprochen wird.

Häufig sind im Alltag Phänomene zu beobachten, bei denen versucht wird, die eigene Person oder Gruppe dadurch aufzuwerten, dass der andere oder die andere Gruppe narzisstisch entwertet oder verachtet wird. Es entsteht eine Wir-gegen-sie-Dynamik, wie sie in jedem Krieg zu beobachten ist. Die Zugehörigkeit zu einem starken „Wir" ist dabei eine starke Stütze für das eigene Selbstwertgefühl, das aber mit der Herabsetzung der anderen erkauft wird. Dies kann im Extremfall so weit gehen, dass die eigene Vernichtung dafür in Kauf genommen wird, wie am Beispiel von Selbstmordattentätern gezeigt werden kann.

4

Traumpaare

Narzisstische Paare, narzisstische Kollusionen

Wer liest sie nicht ab und zu gerne die Geschichten von den Paaren, die gewöhnlich als Traumpaar bezeichnet werden und die das breite Publikum mehr oder weniger teilhaben lassen an einem Glück, dessen Grandiosität dem Normalmenschen für immer verwehrt sein wird.

Es gibt diese Paare im Bereich der Königshäuser der Welt, aber gerne auch unter Filmstars. Die Traumhochzeit von Prince Charles und Diana Spencer wurde von Hunderten von Millionen Menschen rund um den Globus verfolgt, und wenn man die entsprechenden Berichte liest, stehen in jedem Satz drei Superlative. Brad Pitt und Angelina Jolie wären das entsprechende Beispiel aus dem Bereich der Weltstars. Gelegentlich trifft man auch im Alltag Leute, die das Stück vom Traumpaar zu geben versuchen.

Allen solchen Paaren ist eines gemeinsam: Sie sind in jeder Hinsicht „besonders" und/oder „großartig". Damit finden wir schon einen wesentlichen Hinweis auf den narzisstischen Charakter solcher Beziehungsgestaltungen bzw. deren Inszenierung: „Normal" geht gar nicht, es muss in jedem Fall „besonders" sein. Im Fall des Traumpaars bedeutet Besonderheit aber vor allem grandios und glamourös. Daher bieten sich Paare aus Bereichen, die schon von vornherein „besonders" sind, wie etwa Königskinder oder Hollywoodstars, natürlich für die Idealisierung als Traumpaare an.

?

Was hat Narzissmus mit Paarbeziehungen zu tun?

Zunächst gilt ja für jede Paarbeziehung, dass sie in der Regel mit einer wechselseitigen Idealisierung beginnt. Man nennt diese Phase der Beziehungsgestaltung gewöhnlich Verliebtheit und es mag sein, dass die Natur uns diese Möglichkeit geschenkt hat, damit Paarbeziehungen überhaupt zustande kommen. In der Phase der Verliebtheit wird die oder der Geliebte als ideal gesehen: Man sieht den geliebten Menschen nur mit der sprichwörtlichen „rosaroten Brille" und alles an ihm ist besonders, großartig und eben Wert, besonders geliebt zu werden – Hinweise von Freunden oder Verwandten auf wahrnehmbare Schattenseiten des geliebten Menschen werden für Fehlwahrnehmungen gehalten oder als irrelevant abgetan. Es findet, sozusagen natürlicherweise, eine narzisstische Idealisierung statt: Nur das Gute, Schöne und Großartige, das am anderen wahrgenommen wird, zählt.

Die Glamourpaare, von denen eingangs die Rede war, bedienen genau das Bedürfnis, das auch Verliebte haben: Sie geben das ideale, ewig glückliche, immer lächelnde und in jeder Hinsicht perfekte Glück als Paar ab. Ein Abglanz des Wunsches, selbst Teil eines solchen Glamourpaars zu sein, findet sich auf vielen Hochzeitsfotos: Sie werden oft in Umgebungen aufgenommen, die mit der realen Lebenswelt des Paares überhaupt nichts zu tun hat – etwa einem Schloss.

Den meisten Paaren dürfte es gelingen, aus der Phase der Verliebtheit heraus eine Phase zu erreichen, in der die realistische Wahrnehmung des jeweils anderen die Beziehung nicht zerstört. Es gibt allerdings auch Menschen, die den „Kick" der Verliebtheit – sprich der narzisstischen Idealisierung durch den anderen – immer wieder neu suchen und die eine Beziehung beenden, wenn dieser Reiz nicht mehr gegeben ist. Diese Menschen suchen oft jahrzehntelang nach dem Traumpartner und werden dabei so unglücklich wie der Narkissos des antiken Mythos'. Sie können letztlich nicht realistisch lieben und verwechseln eine narzisstisch idealisierte Beziehung mit Liebe.

?

Was ist romantische Liebe und was hat sie mit einer narzisstisch idealisierten Paarbeziehung zu tun?

Was wir bei der Betrachtung von Beziehungen aus der heutigen Sicht oft vergessen, ist die Tatsache, dass die sogenannte romantische Liebe ein geschichtlich relativ neues Phänomen darstellt: erst seit dem Zeitalter der Romantik wird die Liebesheirat zum bürgerlichen Ideal. Von diesem Ideal zur Vorstellung, eine Liebesbeziehung müsste immer dem rosaroten Zustand der Verliebtheit entsprechen, ist es dann nicht mehr weit.

> **Romantische Liebe** Als romantische Liebe wird eine Beziehungsvorstellung bezeichnet, die ausschließlich auf emotionaler Zugewandtheit beruht und jede andere mögliche Quelle zur Begründung einer Paarbeziehung ausschließt.

Dass der eine oder die andere deshalb eine befriedigende Beziehung nicht zustande bringt, weil er oder sie diese Idee im Kopf hat, ist insofern nicht nur ein individuelles „Verschulden", sondern spiegelt auch eine kulturelle Vorstellung wider, die sich in der Romantik entwickelt hat und seither weltweit auf dem Vormarsch ist (zumindest in den Weltgegenden, in denen westliches Gedankengut kulturprägend ist).

Traumpaare im bisher vorgestellten Sinn sind vor allem auch ein Phänomen der Massenmedien. Diese bedienen in der Darstellung solcher Paare eine offenbar weit verbreitete Sehnsucht nach idealer Liebe, die besondere bis grandiose Züge trägt. Vermutlich kennen die meisten Menschen diese Sehnsucht aus ihrer eigenen Erfahrung heraus.

> **Kollusion** Eine Kollusion ist das unbewusst aufeinander abgestimmte Verhalten zweier oder mehrerer Personen, bei dem die (unbewussten) Bedürfnisse aller Beteiligten befriedigt werden.

Es gibt jedoch Paare, die in einer narzisstischen Kollusion leben, was sie in der Regel unbewusst tun. Eine Kollusion im psychologischen Sinn ist das *unbewusste* Zusammenwirken verschiedener Personen zum Erreichen von Zielen, die allen beteiligten Partnern dienen. Die Motive für das Zusammenwirken im Rahmen einer narzisstischen Kollusion sind dabei den Beteiligten – und das ist entscheidend – nicht bewusst und dienen in der Regel der Befriedigung ihrer Bedürfnisse. In einer tiefenpsychologischen Analyse sind diese Motive jedoch oft leicht zu verstehen.

---- ? ----

Warum bilden Paare eine narzisstische Kollusion und wie hängt die Kollusion mit der Gleichstellung der Geschlechter zusammen?

In einer narzisstischen Kollusion haben sich Menschen aus dem hauptsächlichen Grund der wechselseitigen, unbewussten Befriedigung narzisstischer Bedürfnisse zusammengefunden. Die häufigste kollusive Konstellation ist, wenn bei einem Paar einer von beiden den grandiosen Pol besetzt, der andere den minderwertigen Pol des narzisstischen Kontinuums.

Hierzu ein Beispiel: Ein Paar, beide Mitte 40 und seit mehr als 15 Jahren verheiratet, lebt in gut situierten Verhältnissen. Das Paar hat drei Kinder, die alle noch zur Schule gehen. In letzter Zeit sind allerdings zunehmend Konflikte aufgetreten, die sich nach dem immer gleichen Muster abspielen:

Sie wirft ihm vor, sich zu wenig um die Erziehung der Kinder und die Belange des Haushaltes zu kümmern, während er ihr vorwirft, nicht zu würdigen, wie sehr er sich abstrampelt, um der vierköpfigen Familie den Lebensstandard zu ermöglichen, in dem sie lebt.

Beide haben einen akademischen Abschluss. Er ist beruflich aufgestiegen und hat jetzt einen Führungsposten in der Wirtschaft inne, sie hat nach der Geburt des ersten Kindes ihre beginnende Karriere als Journalistin aufgegeben und sich um den Nachwuchs und das Haus gekümmert. Die Auseinandersetzungen der beiden sind von einer auffällig erbitterten Ernsthaftigkeit geprägt, und alle Lösungsansätze, die sich auf die konkrete Logistik des familiären und beruflichen Alltags beziehen, sind bisher gescheitert. Das liegt daran, dass jenseits der Fragen der Lastenverteilung etwas ganz anderes diskutiert wird, was den Beteiligten aber nicht bewusst ist: Es geht um die narzisstische Gratifikation, die die beiden Rollen mit sich bringen. Während sie eine Tätigkeit ausübt, die gesellschaftlich (trotz aller öffentlichen Beteuerungen des Gegenteils) als minderwertig angesehen wird, bringt seine Rolle viel Anerkennung mit sich. Solche Lebensmodelle funktionieren dann, wenn sich beide Partner mit ihrer Rolle identifiziert haben. Wir sprechen dann von einer stabilen narzisstischen Kollusion – die Rollen sind klar verteilt, die beiden Beteiligten sind mit ihrer jeweiligen Rolle einverstanden und brauchen den anderen, weil der etwas auslebt, was man selbst nicht leben will oder kann. Beim Paar unseres Beispiels hat dieses Konstrukt sehr lange geräuschlos funktioniert. Aufgrund einer heftigen inneren Erschütterung wegen einer Krebsdiagnose hat sich die Frau aber in psychotherapeutische Behandlung begeben und im Verlauf dieser Behandlung wurde ihr zunehmend bewusst, dass sie sich schon seit frühester Kindheit immer wertlos vorkam und nichts zugetraut hat. Mit zunehmender Bewusstheit darüber, dass dies eine ihrer Person unangemessene innere Haltung ist, nahmen die äußeren Konflikte in der Ehe zu – sie wollte sich nicht mehr auf den minderwertigen Pol des narzisstischen Kontinuums festlegen lassen.

Für den Mann brach eine Welt zusammen. Die unbewusste Beziehungskonstellation hatte er sich noch nie vor Augen geführt. Er lebte den grandiosen Pol aus und wurde ja genau deshalb auch ursprünglich von ihr ausgewählt. Dadurch, dass seiner Frau diese Dynamik bewusst geworden ist und sie zunehmend eine Veränderung wünscht, kommt die stabile Kollusion ins Wanken.

Dieses Beispiel illustriert ganz anschaulich die Risiken und Nebenwirkungen einer Psychotherapie: Die Frau begab sich wegen ihrer depressiven Reaktion auf die Krebserkrankung (die im Übrigen erfolgreich behandelt werden konnte) in Behandlung, aber die Psychotherapie deckte Zusammenhänge auf, die ihr bisher nicht bewusst waren. Und diese Aufdeckung führte zur Instabilität in der Partnerschaft.

Typischerweise gibt es in einem solchen Fall zwei mögliche Verläufe: entweder geht der Partner den Weg mit, die Rollenverteilung auch auf einer tieferen Ebene zu reflektieren und die Rollen neu zu verteilen, oder die Beziehung bricht auseinander. Sehr häufig ist die Variante, in der sich der grandiose Mann dann einer neuen sich (minderwertig fühlenden) Frau zuwendet und mit dieser gemeinsam wieder eine narzisstische Kollusion etabliert. Und es gibt „Serientäter", die dieses Modell mehrfach durchexerzieren: Diese Menschen sind nur im Rahmen einer Rollenverteilung beziehungsfähig, die ihnen erlaubt, eine grandiose Rolle zu spielen, und sie brauchen für die Beziehung jemanden, der die minderwertige Rolle übernimmt.

Bei der klassischen Rollenverteilung in einer Partnerschaft findet sich häufig das Modell, dass der Mann seine Rolle als Ernährer, Beschützer der Familie und Held der Arbeit definiert und lebt: Er ist derjenige, der quasi in der feindlichen Außenwelt auf die Jagd geht und stolz die entsprechenden Trophäen (Karriere, Geld, öffentliches Ansehen) mit nach Hause bringt. Die Frau spielt die Rolle der Bewahrerin des Hauses, sie erzieht die Kinder und macht die Hausarbeit. Diese Rolle entspricht dem minderwertigen Pol des narzisstischen Kontinuums: Die „Nur-Hausfrau" ist schon fast ein Schimpfwort. Der grandiose Pol wird vom Mann besetzt – er ist es, der im Sturm steht und sich bewähren muss. Dabei hält sie ihm den Rücken frei. Natürlich gibt es die psychologische Verteilung auch umgekehrt, also dass ein sich minderwertig fühlender Mann eine grandiose Frau findet, mit der er eine narzisstische Kollusion eingehen kann. Das Prinzip ist in beiden Fällen gleich.

Wenn man sich die Gleichstellungsdiskussionen der letzten Jahrzehnte einmal unter dem Aspekt narzisstischer Bedürfnisbefriedigung betrachtet, springt ins Auge, dass bestimmte Tätigkeiten massiver Bewertung unterzogen werden und diese Bewertung dann auf diejenigen abfärbt, die sie ausüben. Man braucht nur das öffentliche Image bestimmter Tätigkeiten einmal unter die Lupe zu nehmen, dann wird sofort sichtbar, warum bestimmte Berufe unter- und andere überbezahlt werden.

Hausarbeit, Kranken- und Altenpflege, Säuglingsbetreuung und Kindererziehung – unter dem Blickwinkel der narzisstischen Befriedigung durch öffentliche Anerkennung sind das die „minderwertigen" Tätigkeiten – und so werden sie ja auch bezahlt.

Am anderen Ende des Spektrums stehen der „Wirtschaftskapitän" (gemeinhin: Manager), der Spitzensportler und der Popstar. Sie üben grandiose Tätigkeiten aus und werden entsprechend entlohnt. Mit realer Leistung hat das teilweise nicht mehr viel zu tun, sondern mit den (in der Regel wenig bewussten) narzisstischen Zuschreibungen, die in der jeweiligen Zeit und Kultur gelten.

?

Welche Rolle spielen Traumpaare für die Psychohygiene einer Gesellschaft?

Wir möchten an dieser Stelle noch einmal auf die Traumpaare zurückkommen und der Frage nachgehen, welche Funktion sie für die Psychohygiene einer Gesellschaft wohl haben könnten. Beim Traumpaar ist das Paar als Ganzes grandios und bildet damit den Gegenpol zu uns gewöhnlichen Menschen. Man könnte spekulieren, dass Traumpaare auf gesellschaftlicher Ebene quasi kollusiv mit den Normalos verschmelzen, anders ausgedrückt: Herr und Frau Mustermann können die völlige Abwesenheit von Glamour und Grandiosität im Alltag besser ertragen, wenn sie ein Traumpaar haben, das sie bewundern können. Die Normalbürger wissen, dass es eher unwahrscheinlich ist, dass sich in ihrem Leben je mit der Frage beschäftigen müssen, ob ein Million Dollar teurer Diamantring für die Angebetete angemessen ist oder nicht (ein Problem, das Richard Burton in seinen Tagebüchern wälzt, als es um ein Schmuckstück geht, das er Elizabeth Taylor schenkte). Das Traumpaar befriedigt das Bedürfnis nach Grandiosität zumindest ein wenig, wenn man sich mit ihm identifiziert.

Wenn dem so ist, dann wäre die mediale Präsenz von Traumpaaren ein Hinweis darauf, dass es in der Gesellschaft, in der es sie gibt, narzisstische

Defizite durchaus häufig sind. Und vermutlich ist genau dies in unserer heutigen Gegenwart der Fall: Auf der einen Seite erleben wir geradezu einen Kult des Individualismus, auf der anderen Seite leben wir in einer Massengesellschaft. Diese hat außerdem noch ein hohes Maß an Beliebigkeit zu bieten – die Rolle des Einzelnen und der Platz, den dieser Einzelne in der Gesellschaft einnehmen (soll), ist so wenig vorbestimmt wie selten in der Geschichte der Menschheit. Das führt zu einer nicht unerheblichen narzisstischen Verunsicherung und es ist sehr tröstlich, wenn man sich mit Images (Bildern) von Menschen identifizieren kann, die ungemein selbstsicher oder sogar grandios und glamourös sind.

> **Fazit**
>
> Als Traumpaare werden Paare bezeichnet, die ein besonders glamouröses oder großartiges Bild abgeben. Die Dynamik der Traumpaare besteht darin, dass sie einander wechselseitig narzisstisch idealisieren und nur die schönen, grandiosen und wunderbaren Aspekte des anderen wahrnehmen – ein Zustand, der für die Phase der Verliebtheit quasi natürlich ist.
>
> Gelingt es einem Paar nicht, im Lauf der Zeit zu einer realistischeren und entidealisierteren Wahrnehmung des jeweils anderen zu kommen, hat die Beziehung meist keine gute Prognose. Das Phänomen des Traumpaars ist geschichtlich verhältnismäßig neu: Es taucht mit dem Phänomen der romantischen Liebe, also etwa ab dem Ende des 18. Jahrhunderts, auf. Heute wird dieses Phänomen durch den Hunger der Massenmedien nach besonderen, leicht idealisierbaren Vorbildern befeuert, die dem Alltagsmenschen oft unerreichbar erscheinen.
>
> Als narzisstische Kollusion bei Paaren wird eine unbewusste Rollenverteilung verstanden, in der ein Partner den grandiosen Part besetzt (in den männlich dominierten Kulturen ist das häufig der Mann) und der andere den minderwertigen Part für sich in Anspruch nimmt. Solche Konstellationen können so lange relativ stabil sein, wie keiner der Partner sich aus seiner Position löst. Wenn das aber geschieht – zum Beispiel im Rahmen einer Psychotherapie, die ein Partner unternimmt – kann das Beziehungsgefüge entweder einstürzen oder es kommt zu einer Coevolution der Beziehung, bei der beide die narzisstisch-kollusive Beziehungsgestaltung überwinden.

5

Politische Macht und Narzissmus

Abb. 5.1 Im Hotspot der Aufmerksamkeit. (Quelle: © Tom Wang – Fotolia.com)

Wenn wir von politischer Macht sprechen, so ist zunächst einmal offensichtlich, dass diese von realen Menschen ausgeübt wird. Dies gilt auch dann, wenn wir sagen, „die Partei xy ist an der Macht": auch Parteien werden von Menschen repräsentiert und erhalten so ein Gesicht.

Wie beim Star ist auch dem- oder derjenigen, der die politische Macht innehat, eine hohe Aufmerksamkeit garantiert – das Blitzlichtgewitter gehört bei den politischen Topjobs zum Alltag (Abb. 5.1).

> **Narzisstische Gratifikation** Eine Gratifikation ist eine Belohnung. Die narzisstische Gratifikation ist demnach eine Belohnung, die auf das „Selbstwertgefühlskonto" eingezahlt wird – also alles, was das Selbstwertgefühl stärkt und erhöht, kann man so bezeichnen. Erzielt zum Beispiel ein Schüler eine gute Leistung, bekommt er dafür zum einen eine gute Note, zum anderen wird er von der Lehrerin und den Eltern gelobt.

Das bedeutet konkret, dass politische Macht eine hohe sogenannte narzisstische Gratifikation mit sich bringt: Wenn ständig Kameras und Mikrofone auf die betreffenden Machthaber gerichtet sind, sind diese einem beständigen Strom des Interesses ausgesetzt. Alleine durch die Macht, die sie verkörpern, werden sie wichtig. Und das ist das Entscheidende: Nicht durch die Person selbst entsteht die Wichtigkeit, sondern aus der Funktion, die diese Person innehat. Das Interesse gilt primär der Rolle, nicht der Person.

Der langjährige und inzwischen verstorbene *Spiegel*-Redakteur Jürgen Leinemann hat in seinem Buch *Höhenrausch* (2004) über Politiker geschrieben:

> Alle haben sie irgendwann einmal die Welt verändern wollen, ein bisschen wenigstens, aber die meisten geraten doch alsbald in die Versuchung, ihre Wahlämter als Plattform zur Selbstbestätigung zu benutzen, sich und anderen mit ihren Privilegien Bedeutung vorzuspielen.
> (Leinemann 2004)

Hier fasst er das Drama vieler hauptberuflich in der Politik Tätigen in einem Satz zusammen. Politik – die *res publica*, die „öffentliche Sache" – ist ihrem Wesen nach eine Tätigkeit, die vom ständigen Kontakt mit Menschen lebt. Macht ist ohne Machthaber auf der einen, und diejenigen, über die Macht ausgeübt wird, auf der anderen Seite nicht denkbar – und beide Seiten sind im ständigen Kontakt miteinander, vor allem in der modernen Mediendemokratie. Damit ist die Bühne bereitet für manches narzisstische Drama.

?

Macht kann für bestimmte Persönlichkeiten eine große narzisstische Gratifikation beinhalten. Aber ist jeder Machthaber nur an Macht zur eigenen Selbstwerterhöhung interessiert, oder gibt es nicht auch eine Form der Machtausübung, die um einer Sache willen die eigene Macht einsetzt?

> **Macht** Macht bedeutet die Fähigkeit, andere Menschen zu beeinflussen und sie zu Handlungen zu bewegen, die dazu dienen, die Ziele des Machthabenden zu verfolgen. Die Mittel der Machtausübung können dabei sehr unterschiedlich sein: von „sanft" (jemanden von etwas überzeugen können) bis „hart" (Anwendung von Gewalt).

Vielleicht sollten wir uns jetzt einen Augenblick Zeit nehmen, zu definieren, was mit „Macht" genau gemeint ist. Macht zu haben, bedeutet in der Regel, andere Menschen zu etwas bewegen zu können, auch wenn sie das nicht unbedingt von sich aus wollen. Diese weitgehende Definition von Macht erfasst auch die Bereiche, die nichts mit politischer Macht oder unmittelbarem Zwang wie bei polizeilicher oder militärischer Macht zu tun haben. Damit sind auch die Formen von Macht gemeint, die zum Beispiel ein Lehrer oder ein Arzt hat – die Quelle ihrer Macht ist die Autorität und das Vertrauen, das ihnen von den Schülern bzw. Patienten entgegengebracht wird.

Politische Macht zeichnet sich nun dadurch aus, dass sie direkt die Lebensverhältnisse von Menschen beeinflusst, und zwar in erheblichem Ausmaß, weil Politik *per definitionem* die Bedingungen, unter denen das Gemeinwesen funktioniert, bestimmt. Dabei kann sich der Einzelne dieser Macht nicht entziehen. In einem Rechtsstaat gibt es zwar Mechanismen, die dafür sorgen, dass die Macht nicht willkürlich gebraucht wird, aber Rechtswege sind lang und kompliziert. Das heißt für den einzelnen Bürger, dass er im Angesicht der Macht zunächst einmal keine Wahl hat, als sich dieser unterzuordnen. In Diktaturen, die nicht rechtsstaatlich verfasst sind, kommt ein Element der Willkür dazu, die die Macht noch gefährlicher für den Einzelnen erscheinen lässt.

Jede Macht – die politische und jede andere Form von Macht – kann missbraucht werden. Wenn wir im politischen Bereich von dysfunktionaler Machtausübung sprechen, ist damit gemeint, dass Macht nicht gebraucht wird, um etwas für diejenigen zu erreichen, die einen Machthaber gewählt haben, wie dies in Demokratien üblich ist, sondern für einen anderen, nicht offen sichtbaren Zweck. Das kann zum Beispiel, wie beim korrupten Machtgebrauch, der Zweck der Mehrung des eigenen Vermögens sein.

Gar nicht so selten – und hier kommt unser Thema zum Tragen – gibt es aber auch den narzisstischen Missbrauch von Macht. Die narzisstische Gratifikation, die durch die Machtposition gegeben ist, stellt für einen bestimmten Typus von Machthaber eine unglaublich große Versuchung dar, die Machtposition hauptsächlich um dieser Gratifikation willen anzustreben. Das geschieht häufig nicht einmal bewusst – der „Hunger nach Anerkennung" (Wardetzki 2012) wird zur entscheidenden Triebkraft dafür, ein öffentliches Amt anzustreben.

Hier kommt der narzisstischen Verführung ein fataler Mechanismus zu Hilfe. Mächtige aller Art sind normalerweise dem Phänomen ausgesetzt, dass sie nur sehr einseitige Rückmeldungen erhalten – die Umgebung neigt dazu, dem Mächtigen genau das zu sagen, was er hören will. Im Extremfall wird das zur speichelleckerischen Schmeichelei, aber auch bei weniger extremen Formen wird gegenüber den Mächtigen vermieden, unangenehme Dinge allzu deutlich anzusprechen. Das führt zu einer Verzerrung der Realitätswahrnehmung bei mächtigen Menschen: Da sie sich nirgendwo außerhalb ihrer (machtvollen) Rolle bewegen können, erhalten sie ständig stark selektierte Rückmeldungen von ihrer Umgebung. Das kann sogar dazu führen, dass die Betroffenen die äußere Wirklichkeit vollkommen verkennen. Im Märchen *Des Kaisers neue Kleider* der Gebrüder Grimm wird dieser Mechanismus genau beschrieben: Der Kaiser hat zwar keine Kleider an, aber alle Welt bestätigt ihm, wie schön er in seinen neuen Kleidern aussehe. Schließlich spricht ein Kind aus, was es sieht, nämlich einen nackten Kaiser. „Kindermund tut Wahrheit kund."

Wenn – wie in Deutschland geschehen – der erste Sekretär des Zentralkomitees der staatstragenden Sozialistischen Einheitspartei Deutschlands (SED) der DDR noch kurz vor dem Untergang des Staates von der „glänzenden Zukunft des Landes" spricht, kann man solch eine Realitätsverzerrung in der politischen Wirklichkeit beobachten. In früheren Zeiten – so zumindest die zahlreichen Legenden zum Thema – haben sich Herrscher deshalb gelegentlich inkognito unter das Volk gemischt, um zu erfahren, wie die Situation in ihrem Herrschaftsbereich wirklich aussieht, weil sie innerhalb des Hofstaates niemals ein halbwegs realistisches Bild erhalten konnten.

Gar nicht so selten äußern prominente Politiker, für sie habe die Politik durchaus „einen gewissen Suchtcharakter". Sucht aber – wenn man das Wort nicht nur metaphorisch verwenden möchte – bedeutet, dass die betroffenen Süchtigen nicht willentlich von ihrem Suchtmittel lassen können, auch dann nicht, wenn sie den Preis der Zerstörung ihrer Gesundheit oder ihres Lebens dafür zahlen müssen.

Wir vermuten, dass es die narzisstische Gratifikation ist, die im Bereich der Politik letztlich süchtig macht. Wie schon gesagt wird dabei von den Betroffenen regelmäßig die Aufmerksamkeit, die dem Amt bzw. der Rolle gilt, mit dem Interesse an der eigenen Person verwechselt. Die permanente Bestätigung durch die schiere Aufmerksamkeit, der Politikerinnen und Politiker ständig ausgesetzt sind, hat für die, die dafür anfällig sind, den Charakter einer starken Droge. Der narzisstische Missbrauch des Amtes ist den Beteiligten häufig gar nicht bewusst. Wenn man von einem Politiker sagt, er könne an keinem Mikrofon und an keiner Kamera vorbeigehen, beschreibt das ganz gut diesen narzisstischen Aspekt. Schon Wilhelm Busch kannte diesen Typus und hat ihn satirisch beschrieben:

> Wirklich, er war unentbehrlich!
> Überall, wo was geschah
> Zu dem Wohle der Gemeinde,
> Er war tätig, er war da.
> Schützenfest, Kasinobälle,
> Pferderennen, Preisgericht,
> Liedertafel, Spritzenprobe,
> Ohne ihn da ging es nicht.
> Ohne ihn war nichts zu machen,
> Keine Stunde hatt er frei.
> Gestern, als sie ihn begruben,
> War er richtig auch dabei.
> (Busch 1975)

In diesem 1864 zum ersten Mal veröffentlichten Gedicht wird schon ganz gut beschrieben, wie der Rolleninhaber sich selbst sieht: als ein sich Aufopfernder „zum Wohle der Gemeinde". Dieser Typ Politiker würde es weit von sich weisen, wenn man bei ihm eine narzisstische Motivation für sein Engagement vermuten würde. Im Gegenteil: Diese Art des Rollenverständnisses maskiert das narzisstische Motiv immer und versteckt es hinter „nur edlen" Motiven. Wer erinnert sich nicht an Interviews, bei dem potenzielle Kandidaten für Spitzenpositionen gefragt werden, ob sie denn Interesse an der Kandidatur hätten, und die dann antworten: „Ich werde mich nicht nach diesem Amt drängen, aber wenn meine Partei (mein Volk/mein Verein/meine Kirche usw.) mich ruft, werde ich mich meiner Pflicht nicht entziehen." Man ist bei solchen Aussagen immer leicht peinlich berührt, weil es so offensichtlich ist, dass sie höchstens einen Teil der Wahrheit wiedergeben. Ein wesentlicher Teil soll verschleiert werden, nämlich der eigene inbrünstige Wunsch, wichtig zu sein, im Scheinwerferlicht zu stehen und Dauerbeachtung zu finden. Besonders interessant ist dabei ein Typus Politiker, der den Ruf hat, rüpelhaft, grob und gut im Austeilen zu sein. Das sind nicht selten zum Beispiel die Politiker, die die Rolle eines Generalsekretärs einer Partei innehaben. Nach normal-menschlichen Maßstäben sind sie nicht sympathisch – im Gegenteil. Ihr Ruf speist sich geradezu daraus, unsympathisch und grob zu sein. Der narzisstische Gewinn ist trotzdem hoch, nehmen doch auch die Medien und deren Konsumenten (also wir alle) begierig die Geschichten auf, in denen ein prominenter Politiker in jeden Fettnapf tritt, der am Weg steht. Die öffentliche Aufmerksamkeit ist garantiert, und darauf kommt es an – nicht ob jemand den guten oder den bösen Buben gibt.

?

Gehört zur narzisstischen Inszenierung einer Machtperson nicht auch das entsprechende Publikum?

Genau wie beim Star gehören zu einer narzisstischen Inszenierung einer Machtposition natürlich auch immer diejenigen, die den narzisstischen Gewinn ermöglichen – also wir, das Publikum. Wenn man diese Seite der Medaille betrachtet, kommt man nicht umhin festzustellen, dass dieses Publikum offenbar in zunehmendem Maße diese Verwechslung von Rolle und Person nicht nur mitmacht, sondern – vermittelt über die Massenmedien – sie geradezu fordert.

Für diesen Verdacht gibt es viele Indizien – etwa die zunehmende Personalisierung politischer Auseinandersetzung. Die Homestory und die Inszenierung der Person ist ein Mittel geworden, was immer mehr Politikern offenbar als legitime Möglichkeit erscheint, Wählerinnen und Wähler für sich zu gewinnen.

Dabei wird die Attraktivität von Politik nicht mehr durch Inhalte, sondern durch persönliche Attribute versucht zu vermitteln.

Interessant daran erscheint uns, dass hier offenbar ein Rückgriff auf durchaus archaische Muster stattfindet. Politische und wirtschaftliche Zusammenhänge haben heute eine Komplexität und ein Abstraktionsniveau erreicht, die für viele im Publikum kein wirkliches Verständnis dieser Zusammenhänge mehr ermöglichen. Da liegt es nahe, auf etwas zurückzugreifen, das scheinbar klar erkennbar und einfach zu beurteilen ist – nämlich denjenigen, der sich um die Macht bewirbt bzw. sie innehat. Wenn es gar zu einer narzisstischen Kollusion zwischen dem Publikum und dem Machthaber kommt, erwachsen für beide Seiten Vorteile, die allerdings in der Regel den Beteiligten nicht bewusst sind. Zur Erinnerung: Eine Kollusion ist das unbewusst aufeinander abgestimmte Verhalten zweier oder mehrerer Personen, bei dem die (unbewussten) Bedürfnisse aller Beteiligten befriedigt werden – in unserem Fall das Bedürfnis des Machthabers, bewundert und geliebt zu werden, und das Bedürfnis des Publikums nach einem starken oder idealen Führer. Solche narzisstischen Kollusionen finden sich auch häufig in Diktaturen, wo sie von der Propagandamaschine außerdem heftig aktiv unterstützt werden.

?

Gibt es einen Zusammenhang zwischen der kollektiven Verunsicherung in einem Volk und der Bereitschaft, Führern zu folgen, die neue Größe versprechen? Wie hängen die narzisstische Kollusion und die Entwicklung von Diktaturen zusammen?

Wenn man sich alte Filme von öffentlichen Auftritten Hitlers anschaut, kann man diese kollusiven Inszenierungen studieren. Der „GröFaZ" („größte Führer aller Zeiten") steigert sich geradezu in eine narzisstische Ekstase hinein, während sich sein Publikum im Rausch der Masse in seiner Grandiosität sonnt bzw. sich mit ihr identifiziert. In einem solchen kollusiven Rausch ist jeder, der ein „Aber" äußert, eine Kritik wagt oder gar auf die Schatten des „großen Führers" hinweist, ein Störenfried, der eliminiert werden muss. Und häufig gehen solche Systeme mit denen, die sich dem narzisstischen Rausch nicht anschließen wollen, besonders grausam um, wie das bei den Nationalsozialisten ja auch der Fall gewesen ist. Ein weiteres Beispiel für die unkritisch verehrende Sicht auf Diktatoren ist die Tatsache, dass Stalin in heutigen Meinungsumfragen in Russland zu den „größten Politikern des Landes" gezählt wird und nicht etwa der Reformator Gorbatschow, der sich in der Regel auf einem der letzten Plätze bei diesen Umfragen im eigenen Land wiederfindet . Hier wird die Grandiosität dessen, der den „großen vaterländischen Krieg" als Kriegsherr gewonnen hat, zur idealen Identifikationsfigur für Größe, weltweite Bedeutung und internationales Ansehen. Dass das gerade im postsowjetischen Russland geschieht, welches nach dem Untergang der Sowjetunion um eine neue Balance gerungen hat, ist kein Wunder. Immer wenn die kollektive Seele verwundet ist, bieten sich machthungrige, narzisstisch aufgeladene Führungsfiguren zur Identifikation an – und auf der anderen Seite gibt es genug Bewunderer, die sich gerne mit diesen Figuren identifizieren. Die Realität, die etwa bei den Beispielen Hitler und Stalin besonders grausam war, wird dabei ausgeblendet.

Es gehört zum Wesen der narzisstischen Überhöhung, dass der Schatten nicht mehr wahrgenommen wird. Und bei allen großen Diktatoren des 20. Jahrhunderts, ob sie Mao, Hitler oder Stalin heißen, war die Kehrseite der Grandiosität eine Blutspur von Millionen von Toten.

Es ist sicherlich problematisch, psychologische Kategorien, die sich auf das Individuum beziehen, auf so etwas wie eine Volksmentalität zu übertragen – trotzdem drängt sich der Gedanke auf, dass es einen Zusammenhang gibt zwischen der kollektiven Verunsicherung in einem Volk und der Bereitschaft, Führern zu folgen, die neue Größe versprechen.

Vielleicht kann man die Unterschiede von psychologischer Sichtweise und historischer Betrachtung überbrücken, wenn man davon ausgeht, dass es geschichtliche Situationen gibt, in der eine große Zahl von Menschen individuell verunsichert ist oder sich gedemütigt fühlt. So waren Menschen in Deutschland nach dem verlorenen Ersten Weltkrieg und dem Übergang vom monarchischen zum demokratischen System verunsichert oder gar orientierungslos, wenn man Berichten von Zeitzeugen glauben kann. Und wenn dann Führungsfiguren auftauchen, die aggressiv die Demütigung – in unserem Beispiel durch die Versailler Verträge – beklagen und die versprechen, das Land zu neuer Größe und Stärke zu führen, ist es nicht sonderlich erstaunlich, dass sie eine breitere Gefolgschaft finden, als wenn sich ein Land in stabilem Fahrwasser bewegt.

Man könnte plakativ formulieren: Das Selbstbewusstsein eines Volkes spiegelt sich in den Führern, die es hat. In Ländern, in denen es eine gut funktionierende Wirtschaft und ein selbstbewusstes Bürgertum, eine angemessene soziale Teilhabe für alle und rechtsstaatliche Mechanismen gibt, wird man eher selten den Typus des grandiosen Narzissten an der Macht finden. Umgekehrt bieten sich diese häufig in Krisenregionen oder schwierigen Epochenübergängen an und finden dann auch entsprechende Gefolgschaft.

Alle Führungsfiguren, die einen narzisstischen Personenkult um sich veranstalten, benutzen in der Regel auch populistische Formen der Propaganda. Diese zeichnen sich dadurch aus, dass sie komplexe Sachverhalte auf einfache Gut-böse-Schemata reduzieren. Dann wird die eigene Position und Gefolgschaft der guten Seite zugeordnet, während alles, was dieser im Weg steht, für böse erklärt wird. Der nächste Schritt ist die Ankündigung, dass man in einem immerwährenden Wohlstand und Glück leben wird, wenn es gelingt, das Böse zu eliminieren – und dann wird tatkräftig darauf hingewirkt, genau das zu tun. Am Beispiel der Industrialisierung des Massenmords an den europäischen Juden im Dritten Reich kann man diesen Dreischritt genau sehen: Zuerst wurden die Juden als Quelle allen Unglücks ausgemacht und durch die Propaganda als erzböse dargestellt. Dann wurde durch Pogrome und gesetzliche Ausgrenzungsmaßnahmen das Terrain vorbereitet, damit man sich schließlich an die „Endlösung" wagen konnte: die physische Vernichtung jüdischen Lebens in ganz Europa. Trotz der vielen Regalkilometer an Büchern zu diesem Thema bleiben wir, aus der historischen Distanz blickend, fassungslos angesichts der Tatsache, dass ein Staat Fabriken baut, deren Zweck es ist, Menschen zu vernichten – doch basierend auf dem Verständnis narzisstischer Mechanismen kann man sich vergegenwärtigen, was da geschehen ist.

Bis heute kann man sehen, dass eine narzisstisch aufgeladene politische Führung genau so funktioniert – egal ob es sich um nationale, religiöse oder politische Ideologien handelt. Das oben beschriebene Gut-böse-Schema wird immer verwendet und es kann auch erklären, warum Menschen, die diesem Schema verfallen, keinerlei moralische Skrupel haben, wenn sie morden: „Wir säubern die Gemeinschaft ja schließlich von den Bösen, was doch zweifellos eine gute Tat ist."

?

Welche Bedeutung hat das Alles-oder-nichts-Denken für die narzisstische Problematik? Welche Folgen kann ein Machtverlust haben?

Bei all diesen Formen der politischen Propaganda ist bemerkenswert, dass sie ein Schema benutzen, das wir auch von der Untersuchung des pathologischen Narzissmus klinisch gestörter Personen kennen. Dieser Mechanismus wird „Spaltung" genannt und findet sich regelmäßig bei Menschen mit narzisstischer Persönlichkeitsstörung: Das innere Erleben wird von einem so starken Schwarz-weiß- bzw. Entweder-oder-Empfinden und -Denken geprägt, dass auch für die Selbstbetrachtung gilt: Entweder bin ich großartig oder ich bin nichts wert. Zwischentöne werden nicht wahrgenommen oder gar nicht geschätzt. Durch diese Sichtweise wird die Orientierung in der Welt vermeintlich erleichtert, weil Komplexität natürlich immer anstrengend ist. Die Attraktivität von Politikern, die mit diesen Schemata arbeiten, steigt denn auch in dem Maße, in dem eine zunehmende Anzahl von Menschen sich überfordert fühlt von komplexen Lebensverhältnissen.

Für den demokratisch gewählten Mächtigen ist die Thematik der Grandiosität und der narzisstischen Kollusion mit dem Publikum sicherlich weniger deutlich sichtbar als in einer Diktatur; dafür sorgen schon die institutionalisierten Ausgleichsmechanismen, die absolute Macht und deren Missbrauch verhindern.

Psychologisch gesehen greifen aber viele der beschriebenen Zusammenhänge auch hier: Auch der demokratisch gewählte Machthaber ist nicht frei von der Verwechslung der Rolle mit der Person, was sich häufig an Äußerungen ablesen lässt, die Spitzenpolitiker nach einem Machtwechsel zu Protokoll geben. Es wird gar nicht so selten über Gefühle der Sinnlosigkeit bis hin zu manifester Depression geklagt. Man kann das übrigens nicht nur in der Politik beobachten, sondern auch in der Wirtschaft ist das Thema sehr bekannt. Die Verweildauer von Spitzenmanagern im Amt ist in den letzten 20 Jahren deutlich gesunken, und die Angst vor dem Machtverlust wird zum ständigen Begleiter.

In beiden Bereichen trifft man häufig auf das Phänomen, dass Amtsinhaber trotz fortgeschrittenen Alters nicht daran denken, aufzuhören – auch dann nicht, wenn durchaus fähiges, jüngeres Personal bereitsteht. Die felsenfest verankerte Überzeugung dieser Amtsinhaber ist in der Regel die, „unbedingt gebraucht" zu werden. Da hält ein über 90-jähriger ehemaliger Spitzenpolitiker Hof wie ein monarchischer Potentat und wähnt sich nach wie vor im Besitz ultimativer Weisheiten, ohne die die Menschheit deutlich ärmer wäre. Oder der 83-jährige Seniorchef eines Bauunternehmens geht noch täglich über jede Baustelle, weil er der festen Überzeugung ist, ohne ihn gehe gar nichts mehr – sehr zum Ärger seines Sohnes, der die Geschäftsführung der Firma – durchaus erfolgreich – schon seit Jahren innehat. In beiden Fällen dürfte die Furcht vor der Erfahrung der Bedeutungslosigkeit, falls die Scheinwerfer einmal nicht mehr auf einen gerichtet sind, ein zentrales, wenn auch den Betreffenden nicht bewusstes, Motiv sein. Solchen Menschen ist oft nicht klar, dass sie in einem narzisstischen Alles-oder-nichts-Schema denken: „Wenn ich nicht ständig im Mittelpunkt stehe und unheimlich wichtig bin, bin ich nichts."

Das Alles-oder-nichts-Denken – oder vielleicht besser -Fühlen – gehört zur narzisstischen Problematik immer dazu. Es gibt nur „ganz groß" und „gar nicht". Eine entspannte Haltung zum Leben ist bei Narzissten nie anzutreffen. Deshalb werden auch Themen mit Bedeutung aufgeladen, um nicht zu sagen aufgepumpt, die zwar wichtig sind, aber nicht über den Untergang des Abendlandes entscheiden. Überall dort, wo ein Amtsinhaber uns weismachen will, dass sein Gegenstandsbereich und seine Themen von überragender Bedeutung für die Zukunft (des Landes, Europas, der Welt, des Universums) sind, ist es ratsam, an das „unsichtbare Nebenthema" des Narzissmus zu denken. Häufig wird man dann fündig, wenn man sich die entsprechenden Amtsinhaber und deren Werdegang genauer anschaut: „Wichtig sein müssen" zieht sich oft durch ganze politische Biografien.

Wenn die Droge „Wichtigkeit und Bedeutung" entfällt, reagieren die Betroffenen häufig mit ernsthafter Erkrankung oder in Einzelfällen sogar mit Suizid. Schon von Charles-Maurice de Talleyrand, dem französischen Diplomaten zur Zeit der Revolution, ist der Satz überliefert: „Kein Abschied auf der Welt fällt schwerer als der Abschied von der Macht." Vermutlich ist es tatsächlich nicht übertrieben, wenn man bei den Menschen, die die Macht um der narzisstischen Gratifikation willen anstreben, Entzugserscheinungen vermutet wie bei einem Alkohol- oder Drogenabhängigen, der seinen Stoff nicht mehr bekommt. Der Entzug ist ein körperlich-seelischer Prozess, der extrem schmerzvoll und unangenehm ist und gelegentlich auch tödlich enden kann. Beispiele für die destruktive Kraft dieser narzisstischen Dynamik können wir insbesondere bei Diktaturen sehen, deren Ziele mit „absoluter Grandiosität" umschrieben werden können. Die deutschen Nationalsozialisten und ihr Untergang – der ja der Untergang des Deutschen Reiches gewesen ist – sind ein gutes Beispiel dafür.

Wir haben ja weiter oben den Aufstieg und den Fall der Nazis in Deutschland einmal unter dem Aspekt narzisstischer Dynamik betrachtet und möchten hier dieses Beispiel nochmal aufgreifen. Nach der Niederlage im Ersten Weltkrieg und dem „Schandvertrag" von Versailles, der in weiten Kreisen der Bevölkerung als Demütigung empfunden worden ist, war die kollektive Seele schwer gekränkt. Es ist kein Wunder, dass Ideologen, die diese Kränkung für die Rechtfertigung der Idee einer allen anderen überlegenen „Rasse" nutzten, leichtes Spiel hatten.

Wenn man sich mit heutigen Augen die Naziideologie betrachtet, wirken manche darin formulierten Größenfantasien grotesk. Die öffentlichen Auftritte Hitlers wirken in ihrer großmannssüchtigen Attitüde geradezu lächerlich und man fragt sich, wie sich klar denkende Menschen von einer solch skurrilen Inszenierung von Grandiosität ernsthaft angesprochen fühlen konnten. Abgesehen davon, dass es generell schwierig sein dürfte, sich in die Mentalität einer anderen Zeit einzufühlen, ist das aber auf dem Hintergrund eines anhaltenden Kränkungs- und Verunsicherungsgefühls vielleicht doch zu verstehen. Es ging ja nicht nur um einen verlorenen Krieg: Die junge Demokratie hatte viele Probleme zu lösen und die wirtschaftlichen Schwierigkeiten waren immens. In dieser Situation trat eine Partei auf den Plan, die – entgegen der allgemeinen Befindlichkeit – die grundsätzliche Überlegenheit alles Deutschen predigt und ernsthaft nach der Weltherrschaft strebt. Welch ein Entwurf von Grandiosität! Dass Hitlers Partei und damit er selbst auch noch einen scheinbar unaufhaltsamen Aufstieg hinlegten, machte die Grandiositätsfantasien bis weit in gutbürgerliche Kreise hinein gesellschaftsfähig.

Sowohl Joachim Fest als auch John Toland schreiben ihn ihren Hitlerbiografien, dass er wohl als großer Staatsmann in die Geschichte eingegangen wäre, wenn er 1937 gestorben wäre. Der Londoner *Daily Express* zitiert David Lloyd George, den früheren britischen Premierminister, 1936 so: „Man bewundert ihn nicht nur für seine volksnahe Führerschaft. Er [Hitler, Anm. d.

Autors] wird als Nationalheld verehrt, der sein Land aus der vollkommenen Hoffnungslosigkeit und Erniedrigung errettet hat. Er ist der George Washington Deutschlands, der Mann, der für sein Land die Unabhängigkeit von seinen Unterdrückern gewonnen hat." Die Idee der Figur des grandiosen Erretters, die viele im deutschen Diktator sehen wollten, erschließt sich gut aus der narzisstischen Dynamik: Aus der Kränkung, Entehrung und Erniedrigung wird das Volk durch diesen Helden zur Grandiosität geführt.

Wenn diese Träume dann an der Wirklichkeit zerplatzen, wie ja auch in diesem Fall, werden oft ungeheure destruktive Kräfte frei. Psychologisch betrachtet ist es die narzisstische Wut, die der Kränkung folgt. Und sie folgt dem Alles-oder-nichts-Schema: Wenn wir nicht grandios die Welt beherrschen können, sollen wir grandios untergehen – das ist die narzisstische Logik dahinter.

Was ebenfalls in der Politik ähnlich wie beim Star ist, ist die Lust des Publikums am Sturz dessen, der mächtig ist. Hier sind mit Sicherheit dieselben Mechanismen am Werk, wie wir sie weiter unten für den Star und das Genie beschreiben werden. Wir waren in der Bundesrepublik Deutschland Zeugen der schrittweisen Demontage eines Bundespräsidenten, bis dieser schließlich zurücktrat. Unabhängig davon, wie man dessen eigenen Anteil an der Entwicklung beurteilt, war die Lust des Publikums am Sturz eines Mächtigen mit Händen zu greifen. Es ist die Lust daran, keinen Unterschied mehr sehen zu müssen zwischen dem Großen dort und mir Kleinem hier – der Mächtige ist auch nicht besser als ich und du und Lieschen Müller von nebenan.

Ein weiterer, den Vorgängen im Showbusiness ähnlicher Mechanismus lässt sich in der Politik beobachten: Es geht um die Faszination der Zugehörigkeit zu einer großen Masse – wie beim Popkonzert in einem Stadion – in der Politik Teil eines großen Ganzen zu sein, das das Gute und Richtige verkörpert. Wenn man sich bestimmte Formen von kollektiver Ekstase im politischen Bereich ansieht – etwa die Begeisterung, mit der eine aufgeputschte Menge in den Krieg zieht – ist es schon erstaunlich, dass die guten Gefühle des Dazugehörens offenbar stärker sein können als jedes vernünftige Abwägen. Der Wunsch, dazuzugehören und positiv gespiegelt zu werden, ist, wie wir ja bereits gesehen haben, eine sehr mächtige Triebkraft. Er kann so stark werden, dass er andere elementare Kräfte in Schach hält – auch den individuellen Überlebenswillen. Dieser Zusammenhang scheint bei Selbstmordattentätern eine zentrale Rolle zu spielen. Sie bekommen in ihrer Bezugsgruppe die höchstmögliche narzisstische Zufuhr als wahre Helden, die für die gute Sache zu Sterben bereit sind – was sie dann auch tun.

?
Welche Rolle spielen die Massenmedien?

Teil der politischen Inszenierung sind die modernen Massenmedien. Wenn wir auch diese Landschaft einmal auf ihre narzisstischen Mechanismen hin untersuchen, werden wir schnell fündig. Aufgrund des Kampfes um Aufmerksamkeit setzen sich leicht diejenigen durch, die immer das Besondere bringen können. Mit anderen Worten: Eine simple Berichterstattung, die einen Sachverhalt und die Fakten beschreibt, ist auf dem Rückzug zugunsten der einmaligen Story. Nun besteht die Wirklichkeit nicht nur aus sensationellen Ereignissen, im Gegenteil: Gerade im Bereich politischer Gestaltung geht es manchmal um komplexe und durchaus langweilige Zusammenhänge – das deutsche Steuerrecht zum Beispiel dürfte nur für die wenigsten Menschen sehr packend sein. Und man kann etwa in den Fernsehnachrichten in den letzten Jahren einen Trend beobachten: weniger politische Berichterstattung, mehr „Angstthemen" und mehr *human touch*. Medienforscher haben das schon im Jahr 2007 empirisch nachgewiesen (Ruhrmann und Göbbel 2007).

Am deutlichsten ist die Regel der Besonderheit bei den Boulevardmedien zu sehen. Hier wird in der Schlagzeile auch noch die belangloseste Kleinigkeit zum besonderen Event hochgejazzt. Verkauft wird das Besondere und es gestaltet sich heute bisweilen durchaus als schwierig, wenn man sich kontinuierlich mithilfe von öffentlich zugänglichen Medien über die Entwicklung eines politischen oder wirtschaftlichen Sachverhaltes auf dem Laufenden halten will, wenn dieser nicht besonders spektakulär ist.

Diese Entwicklung kann zu einer schleichenden Verzerrung der Wirklichkeitswahrnehmung führen, die das Publikum gar nicht bemerkt, und das ist das besonders Fatale daran. Es entsteht dann der Eindruck, das Besondere muss alltäglich sein. Wenn zum Beispiel über spektakuläre Mordfälle in einer Großstadt berichtet wird, über Taschendiebstähle aber nicht, erhält der Durchschnittsbürger allmählich den Eindruck, dass sein Leben in dieser Stadt ja wohl ernsthaft bedroht sein müsse. Die statistische Wahrscheinlichkeit, dass der Geldbeutel beim Einkaufen gestohlen wird, ist dabei um ein Vielfaches höher – dieses Faktum liegt aber außerhalb der Wahrnehmung, denn es ist ja auch verhältnismäßig unspektakulär.

> **Fazit**
>
> Politische Macht beinhaltet für die Machthabenden immer eine hohe narzisstische Gratifikation: Sie stehen mehr oder weniger ständig im Fokus öffentlicher Aufmerksamkeit. Für einen bestimmten Typus wird dieser narzisstische Gewinn zur Hauptmotivation dafür, sich um politische Macht zu bemühen. Ist er in einer mäch-

tigen Rolle angekommen, unterstützt die Umgebung ihn oft darin, die äußere Realität nicht mehr adäquat wahrzunehmen: „Die Untertanen schmeicheln dem König" und geben ihm zunehmend nur noch die Rückmeldungen, die dieser auch hören will. Das führt zu dem oft zu beobachtenden Phänomen, dass Machthaber politische Situationen völlig falsch einschätzen, wie das etwa im Fall des Generalsekretärs der SED kurz vor dem Fall der Berliner Mauer zu beobachten war.

In der Regel verbergen die Mächtigen die narzisstische Motivation ihres Machtstrebens vor sich und anderen. Sie sehen sich gerne als Diener am Gemeinwohl, der narzisstische Gewinn für das eigene Ich wird verborgen, weil eine solche Motivation sehr schambesetzt ist.

In der heutigen Zeit wird die Verwechslung von Rolle (Amt) und Person (Amtsinhaber) dadurch befeuert, dass Massenmedien zunehmend über den Amtsinhaber berichten (in sog. Homestorys) und sich weniger mit seiner Rolle beschäftigen. Vermutlich dient das auch der vermeintlichen Reduktion von Komplexität, die in politischen Sachverhalten enthalten ist: Es ist einfacher, sich mit der Person eines Mächtigen zu beschäftigen, als mit den inhaltlichen Problemen, die dieser in seiner Rolle zu bewältigen hat. Wie beim Star auch kann sich das Publikum mit Personen viel leichter identifizieren als mit politischen Programmen, was diesen Trend verstärkt.

In Krisenzeiten gibt es eine Tendenz, dem narzisstisch-grandiosen Typus des Politikers zu folgen. Dieser verfügt oft über ein ausgeprägtes Charisma und hat wenig Skrupel, komplexe Zusammenhänge populistisch zu vereinfachen. Die Gefolgschaft bekommt durch solche Führer eine vermeintlich einfache Gut-böse-Orientierung und war historisch betrachtet häufig bereit, diesen Machthabern bis in die Vernichtung zu folgen. Der Aspekt der Zugehörigkeit zu etwas Großem ist bei der Betrachtung des Narzissmusthemas im Kontext der Politik wie auch des Showbusiness von Bedeutung.

In demokratischen Staatswesen mit rechtsstaatlicher Ordnung und Gewaltenteilung wird diesen narzisstischen Exzessen institutionell ein Riegel vorgeschoben. Aber auch hier gibt es den Machthaber, der die öffentliche Rolle und die private Person nicht auseinanderhalten kann und dann abstürzt, wenn er sein Amt verliert und als Privatmensch nicht annähernd die Aufmerksamkeit erhält, die ihm in der Rolle immer gewiss war.

6

„There is no business like show business"
Genies, Stars und großartige Menschen

Zu Anfang dieses Kapitels brauchen wir Ihre Mithilfe: Stellen Sie sich bitte einen Moment Ihre/n Lieblingssänger/in oder Ihre/n Lieblingsschauspieler/in vor. Welche Gefühle können Sie bei sich wahrnehmen, wenn Sie sich das Bild vor Augen führen? Es werden in der Regel angenehme Gefühle sein. Diese haben etwas mit der Bewunderung für den Star zu tun, aber auch mit der Tatsache, dass wir im Star ein bestimmtes Idealbild sehen (wollen und auch sollen). Reale Menschen sind keine Stars, und Stars sind keine realen Menschen, sondern Images – wörtlich „Bilder".

?

Was macht die Bilder von Stars aus?

Doch es sind Bilder wovon? Meistens geht es bei den Images von Stars um Bündel von Eigenschaften, die im realen Leben in Reinform so gut wie gar nicht vorkommen. Das können positive Eigenschaften sein, die wir auch gerne hätten oder die wir für erstrebenswert halten, es können aber auch negative Eigenschaften sein. Auch das absolut Böse bestimmter Filmfiguren kann Starqualitäten haben. Viele weltweit sehr erfolgreiche Blockbuster leben davon, dass ein absolut Guter auf einen absolut Bösen trifft – ein Schema, das beispielsweise in allen James-Bond-Filmen benutzt wird. Und etwa die Comic- und Filmfigur „Batman" wäre nicht denkbar ohne seine jeweiligen schurkischen Gegenspieler.

Der guten wie der bösen Figur ist gemeinsam, dass sie in jeglicher Hinsicht grandios sind: grandios gut, heldenhaft, selbstlos und mutig oder grandios verschlagen, hinterlistig, böse und heimtückisch. Das Begriffspaar ideal und grandios beschreibt ziemlich gut, worum es im auf der tiefenpsychologischen Ebene im Showgeschäft geht – wir wollen großartige, ideale Menschen sehen, hören und erleben, wenn wir unser Geld im Showgeschäft ausgeben. Und genau das ist die Welt des Narzissmus – die Welt des Grandiosen und des Idealen. Im Showbusiness betreten wir eine Scheinwelt, und wir wissen (meistens), dass es eine Scheinwelt ist – aber diesen Schein möchten wir uns von Zeit zu Zeit gönnen.

?

Warum brauchen wir offensichtlich eine Scheinwelt, in die wir ab und zu eintauchen können?

Bei jeder Form von Starkult geht es letztlich darum, dass dem Star eine Grandiosität zugeschrieben wird, die wir als normale Menschen nicht haben, aber vielleicht (heimlich) ganz gerne hätten, weil wir dann für alle Zeiten vor der Gefahr einer Verletzung unseres Selbstwertgefühls geschützt wären. Wenn wir so grandios sein könnten wie der Star, würden uns alle bewundern und es gäbe nie mehr die Gefahr der narzisstischen Krise. Narzisstische Krisen sind gekennzeichnet durch Selbstzweifel und Minderwertigkeitsgefühle, wie sie wohl die meisten Menschen gelegentlich kennen. In der menschlichen Entwicklung gibt es prädestinierte Phasen für solche Gefühle, zum Beispiel die Adoleszenz. Nach allem, was wir bisher wissen, wundert es uns auch nicht, dass gerade im Teenageralter das Bedürfnis nach Stars besonders ausgeprägt zu sein scheint – wir alle kennen die Massen von Halbwüchsigen, die buchstäblich außer sich geraten, wenn sie den Star auf der Bühne sehen. In einem Alter, in dem das Selbstwertgefühl noch besonders fragil ist, hilft es sehr, wenn man – möglichst noch in einer Gruppe Gleichgesinnter – idealisierte Stars hat, mit denen man sich identifizieren und die man bewundern kann.

Für diese Deutung des Bedürfnisses nach einem Starkult spricht auch die Tatsache, dass zum Beispiel bei Sportstars nur der Erste, der Gewinner, der Champion, wirklich interessant ist. Wenn sie bei einem sportlichen Großereignis das Finale betrachten, fällt ins Auge, dass der zweite Sieger häufig aussieht, als wäre er der „Totalverlierer" der ganzen Veranstaltung.

Wenn man Zweiter wird, ist augenfällig, dass es noch einen Besseren gibt. Nur derjenige ganz oben auf dem Treppchen kann sich sicher sein, dass es besser nicht geht – zumindest für diesen Augenblick und bis zum nächsten Wettbewerb dieser Art. Besonders absurd wirkt es, dass nur der Erste zählt, wenn man sich vor Augen hält, dass die gemessenen Unterschiede zwischen den ersten fünf Plätzen im Sport oft so gering sind, dass sie ohne eine technisch sehr moderne und ausgeklügelte Zeitmessung nur mit unseren „normalen" Sinnen nicht wahrnehmbar wären (etwa hundertstel Sekunden bei Rennfahrern aller Art). Wir brauchen den Star mit seinem Alleinstellungsmerkmal des Ganz-oben-Seins für unsere Psyche, auch wenn sich sein Resultat nur um eine hundertstel Sekunde von dem des Zweitplazierten unterscheidet.

Das hat übrigens auch ökonomische Folgen. Der oft rational nicht mehr nachvollziehbare Einkommensunterschied zwischen Stars und weniger Prominenten im Sport oder im Musikgeschäft wird sehr treffend mit dem Satz *the winner takes it all* wiedergegeben. Es ist oft erstaunlich, welche enormen Einkommensunterschiede zwischen den sogenannten Superstars einer Sportart oder einer Musikrichtung und dem Rest der in dieser Branche Tätigen bestehen – die objektivierbaren Leistungsunterschiede korrelieren nicht mit der Höhe der Einkommen. Was bezahlt wird, ist das Image des Stars.

Interessanterweise gibt es um die Gagen von Filmstars oder die Transferzahlungen für Fußballstars bzw. deren Jahreseinkommen eher selten so erbitterte Diskussionen wie um die Gehälter von Bankern oder Topmanagern. Das hat vermutlich damit zu tun, dass die Stars im Showbusiness für unsere Kultur und unsere Psyche tiefenpsychologisch offenbar wichtigere Funktionen erfüllen als Manager oder Banker, obwohl deren Leistung für die Funktion einer Gesamtwirtschaft möglicherweise deutlich wichtiger ist als die eines Filmstars.

Mit der Grandiosität der Stars im Showbusiness können wir uns aber, offen oder heimlich, leichter identifizieren als mit der eines Manager – der ja in aller Regel nicht den Glamour verspricht, den ein Star im Showbusiness zu liefern im Stande ist. Allerdings gibt es auch bei Managergehältern die Idee, dass hier in der Spitze nicht wirklich messbare Leistung belohnt wird, sondern das Image eines „Starmanagers" (s. z. B. Gaitanides 2004). Hier würden dann auch dieselben Mechanismen der Identifikation mit dem Star wirken wie im Showbusiness.

Ein schönes Beispiel für diesen Mechanismus der Identifikation liefert die berühmte Schlagzeile der *Bild* vom 20. April 2005, dem Tag nach der Wahl eines Deutschen zum Papst in Rom: „Wir sind Papst!" stand da in bester Identifikation mit dem neuen Pontifex maximus. Die Identifikation mit dem Großartigen lässt uns psychologisch an der Großartigkeit teilhaben.

?

Woher kommt die Lust an der Demontage grandioser, sich selbst inszenierender Personen?

Das Showgeschäft ist geradezu das Heimatstadion des Narzissmus. Es gibt eine Bühne, auf der sich einer oder mehrere Menschen produzieren, und es gibt Zuschauer. Das Grundbedürfnis nach Spiegelung durch andere (s. Abschn. 8.6) wird für diejenigen, die auf der Bühne stehen, hier in quasi ritueller Form zelebriert. Das Risiko jeder Spiegelung gibt es hier allerdings auch. Es gibt neben Beifall auch immer die Möglichkeit der Buhrufe. Das Bedürfnis nach Anerkennung – nach Beifall – wird hier in Reinkultur sichtbar, und den Zuschauern kommt eine große Macht zu: die Anerkennung zu gewähren oder zu verweigern. Letzteres kann für die Zuschauer sehr befriedigend sein. Die Verweigerung der Anerkennung erkennt dem Star seinen Status als Star nämlich ab und ebnet damit den Unterschied zwischen dem Grandiosen auf der Bühne und dem Normalmenschen davor ein bzw. hebt ihn auf.

Das erklärt, warum in irgendeiner Form herausragende Menschen oft geradezu lustvoll demontiert werden, wenn sie eine entsprechende Fallhöhe erreicht haben. Wenn sie dann noch zuvor als besonders großartige Beispiele wofür auch immer gegolten haben, ist die Lust an der Demontage um so größer. Beispiele aus der jüngsten Vergangenheit wären der mediale Umgang mit dem ehemaligen Bundespräsidenten Wulff oder auch der Fall des Uli Hoeneß, der als Präsident des FC Bayern München gerne als großer Managementstar inszeniert worden ist und dann als Steuerhinterzieher bekannt wurde.

Der Sturz einer vormaligen Größe erspart uns, uns allzu minderwertig dieser Größe gegenüber vorzukommen – daher die Lust an der Demontage; gleichzeitig ist eine solche Demontage aber immer auch eine Enttäuschung für den Teil in uns, der sich gerne mit der Großartigkeit identifiziert hat.

Eine Spielart narzisstischer Grandiosität, die es in dieser Form in unseren Breiten fast nur noch im Showbusiness gibt, ist unverhohlener Sexismus oder auch Rassismus. Beiden ist gemeinsam, dass sie Wert- und Unwerturteile nach der Zugehörigkeit zu einem bestimmten Geschlecht oder einer bestimmten sogenannten Rasse fällen (übrigens ein in sich durchaus fragwürdiger Begriff, insbesondere, wenn er auf Menschengruppen angewendet wird, die mit einer gewissen Beliebigkeit zur Rasse erklärt werden, wie etwa die Juden in der nationalsozialistischen Ideologie). In weiten Teilen der Popkultur – beispielsweise in verschiedenen Spielarten von Rap und Hip-Hop – finden sich zum Teil sehr rassistische und/oder sexistische Texte. Sicherlich spielt hier auch eine Rolle, dass sich Teile der Popkultur schon immer vor allem über Provokation Gehör verschafft haben. Es gibt aber auch den Teil, in dem wir wieder das narzisstische Motiv finden: die Selbstaufwertung durch die Abwertung anderer. Wenn männliche Showstars in ihren Texten Frauen zum Teil massiv entwerten, geben sie damit auch der eigenen Grandiosität Ausdruck; dasselbe gilt für rassistische Äußerungen. Wo immer eine Wir-gegen-sie-Thematik anklingt, sind narzisstische Motive im Spiel: „Wir" sind die Guten, Edlen, Leistungsstärkeren, moralisch Überlegenen usw., „die" sind die Bösen, Unedlen, Leistungsschwachen, moralisch Minderwertigen.

?

Welchen psychologischen Gewinn hat die Wir-gegen-sie-Haltung?

Wir sehen das auch im Bereich des Sports, der ja zunehmend auch zum Showbusiness gehört: Vom Wir-und-sie-Schema leben auch ganze Fanclubs, etwa von Fußballvereinen: Der eigene Verein wird überhöht und idealisiert („wir"), der gegnerische Verein (im einzelnen Match) oder alle anderen (im Falle des Vergleichs mit der ganzen Liga) wird abgewertet und verhöhnt („sie"). Interessanterweise wird dieses Bewertungsschema von den Fanclubs ziemlich unabhängig davon aufrechterhalten, ob die eigene Mannschaft objektiv eine gute Leistung erbringt oder sich auf dem letzten Tabellenplatz befindet. Es geht hier auch nicht um eine Leistungsbewertung im messbaren Sinne (z. B. als Spielergebnis oder Tabellenplatz), sondern um ein Gefühl der Zugehörigkeit und der narzisstischen Bestätigung durch die Gruppe, zu der man gehört und deren Rituale, Ansichten und Vorurteile man teilt.

In der Jugendkultur kann man das durchgehend beobachten, egal welche Trends gerade prägend sind: Es ist wichtig, zu einer Gruppe zu gehören, deren identitätsstiftende Macht sich unter anderem schlicht daraus speist, anders als die anderen zu sein. Sprachcodes, Kleidung, Musikgeschmack, die jeweiligen Regeln dazu, was man darf und was nicht: Das Alles dient der Formierung dieses „Wir". Diese Motivlage spiegelt sich in der Populärkultur. Die berühmte *West Side Story* (Musical) aus den 1950er-Jahren des letzten Jahrhunderts schildert rassistisch motivierte Bandenkriege zwischen Jugendbanden, und heutige Rapper, die den Straßenkampf der Gangs in den Metropolen besingen, nehmen das Motiv auf.

Wenn man Jugendlichen zuhört, wie sie über die eigene Gruppe reden und wie über andere – man findet durchgehend das Aufwertungs- bzw. Abwertungsmuster. Dabei ist sicherlich von Bedeutung, dass die Zeit der Pubertät und der Adoleszenz immer eine Zeit außerordentlicher narzisstischer Instabilität darstellt: Die Kindheit ist vorbei, der Weg ins Erwachsenenleben ist unbekannt und die eigene Identität unsicher und fragil. Die Ablösung aus dem Elternhaus und die Entwicklung eigener beruflicher Pläne und privater Lebensentwürfe stehen an. Da hilft es sehr, wenn es eine Clique, eine Gruppe oder eine Gang gibt, die Zugehörigkeit vermittelt und Schutz gewährt durch die Botschaft: „Wir sind die Größten und du bist einer von uns!"

Die Wir-und-sie-Dynamik ist außerordentlich wirkungsvoll. Sie ist nicht nur im Sport, sondern auch in der Politik oder im religiösen und weltanschaulichen Bereich gut zu beobachten. Es scheint so zu sein, dass eine der wirksamsten Selbstwertstärkungen aus dem Erlebnis kommt, Teil von etwas Größerem zu sein und darin quasi aufgehoben und bestätigt zu werden. Man kann das bei jedem Popkonzert und bei jedem Fußballspiel beobachten, aber auch bei politischen oder religiösen Veranstaltungen.

Fundamentalisten aller Art bedienen sich dieses Mechanismus', oft durch simple Dichotomien: „Wer nicht für uns ist, ist gegen uns!" ist die einfache Aussage – sie lässt keine Zwischentöne zu. Damit ist klar: „Wenn Du zu uns gehören willst, musst Du bedingungslos ja zu uns sagen."

Das Thema der narzisstischen Balance hat gerade im Bereich des Spitzensports, den wir in unserem Kontext als Teil des Showbusiness' auffassen, noch eine andere Facette. Da trainieren verhältnismäßig junge Leute extrem hart, um zu den Besten ihrer Sportart zu zählen. Der Sieg ist ein narzisstischer Triumph ohnegleichen – man denke nur an die Siegesrituale bei internationalen Wettkämpfen, etwa der Olympiade. Wie sieht es auf der Seite der Verlierer aus? „Am grausamsten ist der vierte Platz", bemerkte ein Spitzenathlet im Interview. Bei objektiver Betrachtung gibt es aber immer noch gute Gründe, höchste Achtung vor der Leistung eines Viertplatzierten zu haben, zumal die Leistungsunterschiede zwischen den Aktiven auf den ersten fünf Plätzen in vielen Sportarten oft nur marginal sind. In einer narzisstischen Bipolarität – es gibt nur Grandiosität oder gar nichts – gehört diese Leistung aber unter die

Rubrik „gar nichts". Es erfordert schon eine starke persönliche Stabilität, um hier sich als Sportler nicht verrückt machen zu lassen. Wenn es Spitzensportlern gelingt, sich der – großenteils durch die Massenmedien angetriebenen – narzisstischen Bipolarität zumindest teilweise zu entziehen, können sie persönlich sehr reifen. Daher ist „verlieren zu lernen" sicherlich ein Punkt, der auf den Lehrplan jedes Trainers gehört.

Es wird aus den genannten Beispielen vielleicht ganz gut deutlich, dass das Showbusiness in geradezu idealer Weise die verschiedenen Aspekte des Narzissmus widerspiegelt. Der Star, das Idol, ist sowohl Projektionsfigur als auch Identifikationsobjekt und er weist uns gleichzeitig immer darauf hin, wie klein wir im Vergleich zu ihm sind – drum ist auch der Sturz des Idols oft von diabolischen Lustgefühlen begleitet.

?

Muss ein Genie immer narzisstisch gestört sein?

Dem Idol verwandt ist das Genie. Der Genius ist ja ursprünglich eine römische Gottheit – ein persönlicher Schutzgott für Männer. Er wohnte dem Mann inne und starb mit ihm. Dieser sehr individualisierte Gott repräsentierte die Persönlichkeit des Mannes und befähigte ihn, Nachkommen zu zeugen. Wir haben schon in dieser antiken Form des Genius einen Hinweis auf ein unverwechselbares Individuum – die Voraussetzung für jede Form narzisstischer Aufladung eines Menschen.

> **Genie** Ein Genie ist ein Mensch, der aus innerer Grandiosität heraus (eben aus seiner Genialität) ein Kunstwerk von großartiger Einzigartigkeit zu schaffen vermag.

In der Renaissance kam der Geniebegriff auf, wie wir ihn heute noch benutzen. Damals bezog er sich ausschließlich auf das künstlerische Genie. Im Begriff „Genie" (s. Definition) stecken bereits alle Zutaten, die auch der Star braucht: Grandiosität, Einzigartigkeit und die Verwirklichung eines Ideals. Der Geniebegriff wurde im Lauf der Zeit auf alle nur denkbaren Tätigkeitsfelder ausgedehnt und heute kennt man geniale Wissenschaftler, Unternehmenslenker, militärische Strategen usw. All diese Genies sind von der Aura des Geheimnisvollen und des Großartigen umgeben – und nicht selten auch von einer grandiosen Einsamkeit. Alles, was sie tun und wie sie sind, muss irgendwie grandios sein, sonst haben wir es nicht mit einem Genie zu tun.

Interessant ist in diesem Zusammenhang die Genie-und-Wahnsinn-Diskussion. Sie kam im 19. Jahrhundert auf und beschäftigte sich mit der Frage, ob ein Genie denn „normal" im Sinne von „psychisch unauffällig" sein könne. Daher kommt auch die heute gerne bemühte Erkenntnis, Genie und Wahnsinn hingen eng zusammen, obwohl es dafür keine belastbaren wissenschaftlichen Hinweise gibt. Unter dem Blickwinkel dessen, was wir über Narzissmus wissen, wundert uns diese Diskussion nicht. Das Genie muss besonders, andersartig und grandios sein – und das ist ja nicht leicht auszuhalten für uns normale Menschen. Wenn das Genie aber nicht nur genial, sondern auch noch verrückt ist, verspüren wir eine ähnliche Befriedigung wie beim Sturz eines Stars: Der Abstand zu uns wird wenigstens ein bisschen verkleinert und es ist doch irgendwie befriedigend zu erfahren, dass das Genie für seine Genialität einen Preis bezahlen muss – den der Verrücktheit eben.

Sowohl beim Star- als auch beim Geniekult wird das labile narzisstische Gleichgewicht deutlich – einerseits geht es um das Besondere schlechthin, die Grandiosität und die Einzigartigkeit, andererseits ist aber der Schatten immer bedrohlich nah: beim Star der Absturz und beim Genie der Wahnsinn.

?

Gibt es Narzissmus auch bei Künstlern und Wissenschaftlern?

Ein praktischer Ausfluss des Geniedenkens ist die Nobelpreisverleihung – der Nobelpreis als Spitze des Olymps in der jeweiligen Disziplin ist seiner ganzen Konstruktion nach ein Preis für das einzelne Genie. Zwar werden die Preise in den Naturwissenschaften häufig geteilt und an mehrere Personen vergeben – laut Statuten der Nobelstiftung dürfen maximal zwei Leistungen in einem Gebiet durch den Preis gewürdigt werden – aber der Preisträger ist das einzelne Genie. Diese Praxis wird der Realität komplexer Forschung in der neueren Zeit schon lange nicht mehr gerecht, da Spitzenforschung zunehmend eine Gemeinschaftsleistung ist, aber eine Gruppe kann uns nicht mit dem Bild des Einzelnen, einsam an der Spitze stehenden Genies versorgen, das in langen Nächten des Grübelns geniale Geistesblitze hat, die die Menschheit voranbringen.

Auch an diesem Beispiel wird deutlich, dass das Bedürfnis nach Genies, Stars und großartigen Menschen offenbar unabhängig von einer tatsächlich beobachtbaren Realität, etwa des Forschungsbetriebs, existiert.

Geschickte Selbstvermarkter nutzen das gerne aus, vor allem im Showbusiness, und wenn es ihnen gelingt, eine Aura des Einzigartigen um sich zu legen und diese zu vermarkten, kann sogar eine buchstäbliche Inhaltsleere erfolgreich sein, wie die Karriere der sogenannten It-Girls beispielhaft zeigt. Hier genügt ein lautes, provozierendes Auftreten, ein glamourös wirkender Lebensstil, gewürzt mit einigen Skandalen und vielleicht noch ein berühmter Name, fertig sind die Zutaten für die *celebrity* („Berühmtheit"). Die Hochgeschwindigkeitsmassenmedien, die Fotos, Meldungen, Tratsch und andere Geschichten in Echtzeit um den Globus tragen können, sind der Treibstoff dieser Art von Starkult. Ohne diese Medien gäbe es gar nicht das Echo, das der Star braucht, um ein solcher zu werden und zu bleiben.

Auch in der Kunst und der Wissenschaft gibt es diese Art von Star- oder Geniekult. Im Bereich der Bildenden Kunst wird er durch einen zunehmend aufgeblähten Kunstmarkt befeuert. So sagt einer der bedeutendsten zeitgenössischen Künstler, Gerhard Richter:

> Künstler – eher Titel als Berufsbezeichnung, löst das Wort noch immer ziemlich hohes Ansehen aus. Glanz und Elend verbindet man mit ihm, verwirklichte Freiheit und beispiellose Unabhängigkeit. Abgehoben und abenteuerlich mutet das Leben der Künstler an; sie sind ihrer Zeit voraus, ihre Werke zählen zu den höchsten Werten der Menschheit, ihr Mut und ihre Unbeirrbarkeit trotzen dem Unverständnis der Banausen und der Verfolgung durch Diktaturen. Die Künstler sind die wirklich Kreativen und Genialen, ihr Ruhm und der ihrer Werke basiert auf ihren begnadeten Fähigkeiten, auf der leidenschaftlichen Hingabe an ihrer Arbeit, die sie mit Intuition und Intelligenz für die Gemeinschaft leisten. Sie sind immer fortschrittlich und gesellschaftskritisch, immer auf der Seite der Unterdrückten, und egal ob sie arm oder reich sind, sie sind immer privilegiert.

Dieses Zitat erläutert sehr schön den Starkult im Bereich der Kunst. Überhöht wird der Star außerdem durch die Preise, die auf Auktionen bezahlt werden – jedes Jahr lesen wir eine Meldung eines der bekannten, global aktiven Auktionshäuser über märchenhafte Preise für Bilder oder Skulpturen. Diese sind für die Leute, die sich das leisten können und wollen, zum Mittel der eigenen narzisstischen Aufwertung geworden, die jeden Preis rechtfertigt.

Im Bereich der Wissenschaft kommt es immer häufiger vor, dass sogenannte Wissenschaftsstars auch vor der Fälschung experimenteller Ergebnisse nicht zurückschrecken, um Ihren Status als „Star" bewahren zu können. Es ist auffällig, dass sich diese Fälle in dem Maße häufen, in dem auch die Tätigkeit des Wissenschaftlers narzisstisch immer mehr aufgeladen wird. Natürlich spielen hier auch ökonomische Faktoren eine zentrale Rolle, wie etwa die zunehmende Konkurrenz um Forschungsmittel. Aber die Ökonomie liefert ja immer eine Aussage darüber, wem, warum, zu einer bestimmten Zeit welcher Wert zugemessen wird; der Wert wird hier ganz real in einem Geldbetrag gemessen. Dieser ökonomische Wert spiegelt aber immer auch das jeweils geltende Wertesystem, innerhalb dessen sich die Wissenschaft oder die Kunst bewegt. Und wenn der Sinn des Forschens mehr darin besteht, der Berühmtheit des Forschers zu dienen als dem Erkenntnisgewinn im jeweiligen Fachgebiet, verschieben sich die Gewichte unmerklich. Der Forscher (oder eben auch der Künstler) wird narzisstisch korrumpiert.

Weiter oben wurde schon erwähnt, dass das narzisstische Zeitalter, von dem oft die Rede ist, geschichtliche und gesellschaftliche Rahmenbedingungen braucht, die das Individuum in den Mittelpunkt rücken (und nicht den Stamm, die Gruppe oder das Kollektiv). Seit der europäischen Aufklärung – mit den Wurzeln in der Renaissance – sind diese Rahmenbedingungen in unserem Kulturkreis gegeben. Da wir Menschen aber andere Menschen brauchen wie die Luft zum atmen – nämlich um gespiegelt zu werden – ist der Individualismus auch eine durchaus schwierige Sache.

Der Star und das Genie – also sozusagen die Archetypen des Einzigartigen – helfen uns dabei, eine Brücke zwischen dem Bedürfnis nach Individualität und dem Bedürfnis nach Zugehörigkeit zu bilden. Wir sitzen im Publikum und dürfen uns dort ganz wohlig als Einer unter Gleichen fühlen – der Star, den wir anhimmeln oder mit dem wir uns identifizieren können, ist in radikaler Weise ein Individuum. Allerdings muss er dafür, so besonders zu sein, den Preis der Einsamkeit, des Wahnsinns und manchmal auch seines Lebens bezahlen, und nicht wir Zuschauer. Möglicherweise ist das der tiefere Grund dafür, warum es heute kaum Stars gibt, die ohne jede Störung auskommen. Michael Jackson und seine vielfältigen kosmetischen Operationen und die an Drogen gestorbenen Popstars von Janis Joplin bis Amy Winehouse sind nur Beispiele, die man sofort vor Augen hat, wenn man sich mit diesem Thema beschäftigt. Der Exzess, die Sucht oder die psychische Störung sind fester Bestandteil des Starkults. Ein Star mit Reihenhaus, stabiler Ehe und drei Kindern ist irgendwie langweilig und es scheint etwas zum Star zu fehlen.

Fazit

Das Bedürfnis nach Stars oder Genies entspringt dem Wunsch, sich mit einem großartigen Menschen zu identifizieren. Dabei herrscht die (unbewusste) Illusion, dass man für immer von allen Verletzungen des Selbstwertgefühls geschützt sei, wenn man so großartig wäre wie der Star. Zu dieser Dynamik gehört die Tatsache, dass schon der zweite Platz (z. B. in einem sportlichen Wettbewerb) nicht mehr interessant ist, weil er schmerzhaft zu Bewusstsein bringt, dass es ja noch einen besseren gibt – den Ersten nämlich.

Ein sehr wichtiger Aspekt des Starkults ist die Möglichkeit, dass der Star abstürzen kann, was vom Publikum häufig lustvoll begleitet wird. Hier kann sich der Zuschauer in seiner ganzen unbedeutenden Normalität darüber freuen, dass ihm der grandiose Star, der natürlich auch über eine entsprechende Fallhöhe verfügt, doch nicht so fern ist.

Auch bei den verschiedenen Formen des Starkultes, vor allem im Sport, gibt es eine ausgeprägte Wir-und-sie-Thematik (s. auch Kap. 2): Die anderen – etwa der gegnerische Fußballclub – werden abgewertet: „Sie sind die Schlechten." Das dient der Aufwertung des eigenen Vereins: „Wir sind die Guten."

Eine spezielle Form von Star ist das Genie. Hier kommt zur Grandiosität noch die Aura der Andersartigkeit und der Einsamkeit hinzu. Wie beim Star gibt es auch hier die heimlich lustvoll herbeigesehnte, dunkle Seite, wenn der Volksmund sagt: „Genie und Wahnsinn liegen eng beieinander" (wofür es bis heute keine wissenschaftliche Evidenz gibt). Zur Grandiosität des Stars und außerordentlichen Klugheit und Begabung des Genies müssen zwingend der Absturz bzw. der Wahnsinn mitgedacht werden, damit wir uns angesichts solcher Großartigkeit nicht zu klein fühlen müssen.

7

Businesshelden

Im Wirtschaftsleben begegnet uns der Narzissmus in vielerlei Gestalt. Wie die Überschrift dieses Kapitels schon besagt, werden viele Akteure der heutigen Wirtschaft als Helden gepriesen und verehrt. Insbesondere die Ideengeber und Gründer der großen Internet- und IT-Firmen sind hierfür gute Kandidaten. Nicht selten haben sie um ihrer Idee willen, die sie dann mit unerschöpflicher Energie und unter Überwindung aller Widerstände umgesetzt haben, den sicheren Weg eines ordentlichen universitären Abschlusses verlassen. Ergebnis: großartige Unternehmen, die ihre Gründer schon im jugendlichen Alter zu Millionären oder gar Milliardären gemacht haben.

Der Archetyp des Helden eignet sich besonders gut dazu, narzisstisch aufgeladen zu werden: Helden sind *per definitionem* grandios. Sie sind außerordentlich begabt (mit Kraft, Geistesstärke usw.) und haben ein Ziel, das über sie selbst hinausweist und für die Gemeinschaft von Bedeutung ist. Der antike Held widmet diesem Ziel seine gesamte Existenz und bezahlt die Zielerreichung nicht selten mit seinem Leben.

Das Bedürfnis nach Helden scheint in der heutigen Zeit, die sich gerne aufgeklärt nennt, keineswegs geringer zu sein als in der Antike, und es ist kein Wunder, dass gerade in der Wirtschaft Helden gesucht (und gefunden!) werden.

Häufig wird die Bewunderung dabei reduziert auf die Tatsache, dass erfolgreiche Wirtschaftsführer viel Geld verdienen – dann ist die Heldenverehrung meist mit bewusstem oder unbewusstem Neid verbunden. Das Neidphänomen kennen wir schon aus dem Showbusiness und vom wissenschaftlichen Genie. Dieser Neid ist, wie wir dort gesehen haben, auch die Quelle der heimlichen Freude, wenn ein solch Großer stürzt, und die Erzählungen von gefallenen Helden sind schon immer sehr beliebt gewesen.

?

Was hat Neoliberalismus mit Narzissmus zu tun?

Die Verehrung des Geldes – vor allem in der modernen Gestalt des Neoliberalismus kann man sehr gut als narzisstisches Phänomen verstehen. Geld bietet eine universelle Möglichkeit, den Wert einer Sache oder einer Dienstleistung abzubilden. Es ist daher nicht weiter verwunderlich, dass Personen, die für ihre Arbeit viel Geld bekommen, ein hoher Wert beigemessen wird.

Nun ist es eigentlich ein Unterschied, ob die Person als solche oder deren Leistung bezahlt wird. In der tatsächlich geübten Praxis lässt sich das aber oft nicht genau voneinander trennen. Insbesondere in bestimmten Dienstleistungsbereichen kann man das gut sehen, zum Beispiel bei Vortragshonoraren. Die Höhe des Honorars bezieht sich nicht nur auf den Inhalt des Vortrags, sondern auch auf die Person des Vortragenden: Es macht einen deutlichen

Unterschied, ob ein ehemaliger Bundesfinanzminister oder ein verhältnismäßig unbekannter Bankvorstand den inhaltlich genau gleichen Vortrag hält. Im Honorar spiegelt sich auch die Prominenz des Vortragenden wider. Und, genau wie Geld, ist Prominenz ein Gradmesser für Wertschätzung, in diesem Fall die allgemeine gesellschaftliche Wertschätzung.

Die Paradoxie liegt nun darin, dass „viel Geld zu verdienen" als Heldenkriterium nicht besonders taugt. Der Held muss nämlich etwas für die Gemeinschaft spürbares leisten, und wenn einer viel Geld verdient, hat das mit der Gemeinschaft, in der er lebt, noch nicht unbedingt viel zu tun – wenn man davon absieht, dass derjenige dann auch viel Steuern zahlt (vorausgesetzt, er ist ein ehrlicher Mensch).

Die Heldenmetapher greift also nur dann, wenn „viel Geld" die Folge besonderer Leistung oder herausragender Ideen ist. Von Henry Ford ist das Zitat überliefert: „Ein Geschäft, das nur Geld bringt, ist ein schlechtes Geschäft." Das bringt das Paradox des Geldverdienens auf den Punkt. Geld ist nur eine Wertanzeige, aber noch kein Wert an sich. Vermutlich ist genau das der Grund dafür, warum ein Neoliberalismus, der die Geldvermehrung als solche zum Wert erhebt, so hohl wirkt (und, nebenbei bemerkt, mit wirklicher Liberalität rein gar nichts zu tun hat). Daher kann man mit einiger Berechtigung davon sprechen, dass diese Form der Geldanbetung ein narzisstisches Phänomen in Reinkultur ist. Es geht nur noch um den Glanz der Grandiosität, nicht mehr um irgendeine Form von Substanz. Das ist auch der Grund dafür, warum Menschen, die ohne eigenen Beitrag zu Reichtum gekommen sind – zum Beispiel durch ein großes Erbe – nie das Ansehen genießen werden, das denen zukommt, bei denen man einen Zusammenhang zwischen Vermögen und eigener Leistung herstellen kann.

Das boulevardeske Interesse an den Superreichen hat mit dem narzisstischen Glanz von Reichtum zu tun und hinterlässt das unbefriedigende Gefühl von Schein statt Sein. Die narzisstische Bestätigung, die ein Mensch bekommt, ist immer unbefriedigend, wenn sie sich ausschließlich auf die Oberfläche bezieht, also in diesem Beispiel auf die finanzielle Potenz eines Menschen. Seine Person bleibt dann außen vor und sobald das Vermögen nicht mehr stimmt, ist es vorbei mit der narzisstischen Bestätigung. Hier gilt Ähnliches wie im Kap. 5 über die politische Macht schon beschrieben: Sobald die Macht weg ist, gibt es keine narzisstische Bestätigung mehr.

> **Narzisstische Korruption** Als korrupt bezeichnet man jemanden, der sich, um eines (in der Regel finanziellen) persönlichen Vorteils willen, unethisch und/oder ungesetzlich verhält. Von „narzisstischer Korruption" spricht man, wenn dieser Vorteil durch korruptes Verhalten des oder der Betreffenden in einem narzisstischen Gewinn besteht, also einer Erhöhung des eigenen Selbstwertgefühls.

Ähnlich, wie wir es im Bereich der Politik gesehen haben, gibt es auch im Wirtschaftsleben die narzisstische Korruption, wie wir sie gerne bezeichnen würden. In einem solchen Fall dient die Stellung als Chef eines Unternehmens oder einer bestimmten Abteilung hauptsächlich dazu, die eigenen narzisstischen Bedürfnisse zu befriedigen. Es geht dann nicht mehr um die Motivation, eine bestimmte Aufgabe zu erledigen, die mit der eigenen Funktion verbunden ist, sondern überwiegend oder sogar ausschließlich um die mit der Position und mit dem Einkommen (s. oben) verbundene Anerkennung.

Von dieser narzisstischen zur finanziellen Korruption ist es dann oft nur ein kleiner Schritt. Menschen, die sehr anfällig sind für narzisstische Verführungen, schrecken auch oft nicht mehr davor zurück, kriminell zu werden (z. B. durch Vorteilsannahme, Bestechung anderer oder manifesten Betrug).

Wenn man die Berichterstattung über solche Fälle verfolgt – ein prominentes Beispiel wäre etwa der vormalige langjährige italienische Ministerpräsident Silvio Berlusconi – sticht ins Auge, dass die Betroffenen oft selbst den Eindruck vermitteln, dass sie ernsthaft meinen, quasi „über den Gesetzen" zu stehen. Das ist eine Form narzisstischen Größenwahns. Der Betreffende findet sich so großartig, dass er aufrichtig empört über das Ansinnen ist, auch für ihn mögen die staatlichen Gesetze gelten. Bemerkenswerterweise haben diese Menschen auch immer eine ansehnliche Schar von Anhängern. Es steht zu vermuten, dass sich diese mit der Grandiosität ihres Anführers identifizieren und einen Abglanz von dessen Größe für sich selbst erhoffen.

Am Thema „Narzissmus und Wirtschaftsleben" kann man besonders gut demonstrieren, dass der Übergang von einem gesunden zu einem pathologischen Narzissmus durchaus fließend ist.

―――― ? ――――――――――――――――――――――――――
Ist eine Pathologisierung des Narzissmus immer angebracht oder ist er gerade im Geschäftsleben möglicherweise auch die oder zumindest eine Triebkraft für Innovationen?

> **Thymotische Kraft** Die thymotische Kraft ist die Kraft und der Antrieb, etwas zu wollen – auch gegen Widerstände, auch dann, wenn die äußeren Umstände sogar eine gewisse Aggressivität erfordern, um dieses eigene Wollen durchzusetzen.

Um eine Geschäftsidee umzusetzen, ein Unternehmen zu gründen und sich am Markt zu behaupten, ist eine Kraft erforderlich, die Selbstbewusstsein, Stolz und durchaus auch Aggressivität erfordert. Peter Sloterdijk, der zeitgenössische Philosoph, nennt diese Kraft „thymotisch". Er meint, dass wir in einer Zeit leben, in der diese Kraft oder Energie oft pathologisiert wird. Wir sehen hier eine Parallele zur Pathologisierung jedes narzisstisch motivierten Impulses. (Nebenbei bemerkt wird die Gestalt des Narziss' – wie auch die des Ödipus' – und ihre hohe Bedeutung in der Psychoanalyse von Sloterdijk heftig kritisiert.)

Bei narzisstisch motivierten Impulsen kommt es allerdings sehr genau auf die Zielrichtung und die Intensität dieser Impulse an. Gerade im Geschäftsleben kann man durchaus konstruktive Antriebskräfte von destruktiven Kräften unterscheiden – das entspricht der Unterscheidung eines gesunden Narzissmus von einem pathologischen.

Durchaus sehr konstruktive narzisstisch motivierte Kräfte können zum Beispiel dahinterstecken, wenn ein Unternehmen das Ziel hat, in seinem Bereich exzellent zu werden. Alle Anstrengungen werden gebündelt, um im eigenen Feld ein hervorragendes Produkt oder eine außergewöhnliche Dienstleistung hervorzubringen. Die dafür notwendigen Triebkräfte speisen sich sehr häufig, wenn sicherlich nicht nur, aus narzisstischen Motivationsquellen. Der Tüftler, der sich in einer Mischung aus Hingabe an die Sache und persönlichem Ehrgeiz in eine Produktentwicklung buchstäblich verbeißt, ist ein Beispiel dafür. Ohne die Energien, die in solchen Menschen wirksam sind, wäre keine Wirtschaft funktionsfähig und schon gar nicht innovativ.

Diese Energien zu pathologisieren oder einer pauschalen Abwertung zu unterziehen, ist nicht gerechtfertigt. Unseres Erachtens wird die gesamte menschliche Entwicklung zu einem erheblichen Teil tiefenpsychologisch nur nachvollziehbar, wenn man davon ausgeht, dass die Motivation, sich anzustrengen und ein Ziel mit Energie zu verfolgen, zu einem wesentlichen Teil narzisstischen Quellen entspringt.

Insbesondere wenn es um den Bereich echter Innovation geht, ist beträchtliches Beharrungsvermögen seitens der Akteure erforderlich. Wie sowohl die Geschichte der Wissenschaft als auch die Geschichte technischer oder politischer Neuerungen zeigt, sind diese Entwicklungen in der Realität immer von erheblichen Widerständen begleitet, auch wenn der Innovationsgeist als für unser Wirtschaftssystem essenziell gepriesen wird. Praktisch die gesamte Geschichte der industriellen Entwicklung der letzten 200 Jahre zeigt das – von der Furcht der damaligen Zeitgenossen angesichts der ersten Eisenbahn von Nürnberg nach Fürth über den Spott gegen den Wagen von Carl Benz, der ohne Pferde funktionierte, bis zu den Technikskeptikern unserer Tage, die der Überzeugung sind, die Strahlung mobiler Telefone bringe sicherlich schwere Gesundheitsschäden mit sich.

Ein gutes Beispiel aus neuerer Zeit für die beiden Seiten der narzisstischen Medaille wäre der 2011 verstorbene Mitgründer der Firma Apple, Steve Jobs. Jobs verfügte über ein erhebliches Sendungsbewusstsein, was die eigene Produktphilosophie betraf, und war dadurch beispiellos innovativ. Die Kehrseite war, wenn man seinem Biografen Walter Isaacson (2011) glauben darf, ein sehr ichbezogener und wenig empathischer Umgang mit Mitarbeitern und zum Teil auch mit der eigenen Familie.

?

Wann wird eine narzisstische Motivation destruktiv und welche Folgen kann eine solche Entwicklung haben?

Destruktiv werden narzisstische Motivationslagen dann, wenn die persönliche Aufwertung der Akteure die eigentliche – und oft alleinige – Triebkraft des Handelns ist. Wenn ein Vorstandsvorsitzender den persönlichen Ehrgeiz hat, die größte Firma der Welt zu führen (weil er dann der größte Unternehmenschef der Welt wäre), kann leicht der eigentliche Zweck des Unternehmens in den Hintergrund treten – mit bisweilen fatalen Folgen, wie sich an verschiedenen fehlgeschlagenen Großfusionen von Weltunternehmen ablesen lässt: Hier stand weder wirtschaftliche Vernunft noch Kundennutzen an erstes Stelle, sondern die narzisstischen Größenfantasien einzelner Wirtschafsführer.

Es ist im Wirtschaftsleben recht häufig eine narzisstische Verbissenheit zu beobachten: Dann verschwinden an und für sich vernünftige Ziele wie das Streben nach Exzellenz, nach Marktführerschaft und so weiter hinter einer Fassade von angestrebter Großartigkeit, die bisweilen sehr befremdlich wirkt, eben weil so spürbar ist, dass es um die Großartigkeit als solche geht, koste es, was es wolle. Der gesunde Narzissmus kann sich durchaus daran erfreuen, gut oder auch großartig zu sein, aber es bleibt hier immer eine Verbindung zur tatsächlichen Leistung, die zu einer derartigen Bewertung führt. Wenn das narzisstische Motiv zum Hauptmotiv wird, geht diese Verbindung verloren. Den Betrachter befällt dann angesichts grandioser Inszenierungen, die weder Grenzen des Aufwandes noch des guten Geschmacks zu kennen scheinen, ein Gefühl von Leere – manchmal auch von Ekel. Der Narzissmus führt dazu, dass alle anderen Aspekte des Lebens vergessen und vernachlässigt werden. „Er lebt nur für die Firma", „Er geht ganz in seiner Aufgabe auf" sind dann, meist positiv konnotierte, Bemerkungen. Wenn man das seelische Elend einmal aus der Nähe sieht, das sich hinter diesen heroischen Beschreibungen verbirgt, ist die positive Bewertung nicht mehr so einfach aufrechtzuerhalten. Familien und auch Unternehmen, für die Menschen dieses Typs verantwortlich sind, spüren sehr genau, dass ihre Existenz nur der Grandiosität des Chefs dienen soll und sie ansonsten für diesen keine Bedeutung, geschweige denn eine eigenständige Daseinsberechtigung haben. Das führt zu einem allgegenwärtigen, schleichenden Gift in den Beziehungen, und in der Regel sind sowohl die familiären als auch die unternehmerischen Konstrukte nur so lange haltbar, solange der

Treibstoff der Grandiosität (Erfolg, Geld) fließt. Ein Scheitern ist nicht vorgesehen in diesen Lebensentwürfen und kommt es doch dazu, beginnen oft familiäre und auch unternehmerische Tragödien.

Hierzu ein Beispiel aus unserer Beratungspraxis: Ein studierter Betriebswirt und Jurist, Anfang 40, hatte es bis zum Finanzvorstand eines großen mittelständischen Unternehmens gebracht. Das Unternehmen fusionierte mit einer anderen Firma und im Zuge der Neustrukturierung der Führung verlor er seinen Posten, weil dem entsprechenden Mitarbeiter des anderen Unternehmens, mit dem man zusammengegangen war, die Aufgabe des Finanzvorstands für das nun größere Unternehmen übertragen worden war. Unser Protagonist kam im Zustand akuter Verzweiflung zur Beratung. Er überlege sich, ob er sich umbringen solle. Zur beruflichen Zurücksetzung, die ihn massiv kränkte, kam eine Ehefrau hinzu, die mit einer Trennung drohte, weil sie „nicht an der Seite eines Losers" leben könne. Die Ehe war das Paradebeispiel einer narzisstischen Kollusion (s. Kap. 4).

Die Frage, ob er noch nie im Leben gescheitert sei, verneinte der Mann lapidar. Er hatte eine Bilderbuchlaufbahn hinter sich: gutsituiertes Elternhaus, gute Schulen, gutes Abitur, Studium und beruflicher Aufstieg – alles geradlinig. Sein Ziel war für ihn auch immer klar: „Ich arbeite darauf hin, CEO (Vorstandsvorsitzender) des wichtigsten Unternehmens unserer Branche zu werden." Auch seine sonstigen Lebensziele waren ausnahmslos immer auf den größtmöglichen Glanz ausgerichtet. Das ging von der Sportart, der er nachging (Helikopterskiing), über das Haus in der besten Wohnlage von einem namhaften Architekten gebaut, bis zu den Reisezielen im Urlaub, die immer den Hauch des Besonderen brauchten. Dieser Mann wirkte auf eine tragische Art getrieben von seinem unerschöpflichen Hunger nach Bewunderung und zutiefst unfrei. Schon bei der Vorstellung, er könne seinen Status verlieren, bekam er suizidale Fantasien: Es gibt nur Grandiosität oder völlige Vernichtung.

?

Kann es im Management ein gesundes Maß an Narzissmus geben?

Im Zusammenhang mit der Frage nach der gesunden Dosis Narzissmus im Management ist ein Begriff interessant, den Charles Handy, ehemaliges Vorstandsmitglied von Shell und späterer Mitgründer der London School of Economics, geprägt hat. Handy spricht vom postheroischen Management: „Während der heroische Manager der Vergangenheit alles wusste, alles konnte und jedes Problem löste, fragt der postheroische Manager bei jedem Problem, wie er jemand anderen befähigen kann, es zu lösen" (Übers. des Autors).

In dieser Definition tritt jeder Heroismus zurück hinter die zentrale Funktion des Managers: andere zu befähigen und der ganzen Organisation zum

Erfolg zu verhelfen. Handy und andere gehen davon aus, dass die postheroischen Fähigkeiten eines Managers in der heutigen Phase der industriellen und postindustriellen Entwicklung immer mehr an Bedeutung gewinnen. Wenn man diese Gedanken zu Ende denkt, heißt das, dass der ideale Manager sich in großen Teilen quasi unsichtbar macht, er wirkt indirekt – keine gute Position für Menschen, die das bewundernde Rampenlicht brauchen. Narzisstische Heroen können dieser postheroischen Rollenanforderung nicht gerecht werden.

---- ? ----

Wie wirkt sich der Narzissmus des Chefs auf das Team aus?

Wir wollen noch einen Blick auf die Dynamik von Arbeitsteams werfen, deren Führungskräfte unerledigte narzisstische Themen mit sich herumschleppen. Es gibt hier zwei Möglichkeiten: Eine Führungskraft bewegt sich am grandiosen Pol des narzisstischen Spektrums oder am Pol der Minderwertigkeitsgefühle.

Die grandiosen Führungskräfte haben wir im vorigen Abschnitt schon begonnen zu beschreiben. Für sie besteht das zentrale Motiv darin, bewundert zu werden. Solange dieses Ziel mit der Berufstätigkeit erreichbar scheint, können sie sehr unterstützend, zuvorkommend und auch wertschätzend gegenüber Mitarbeitern sein. Allerdings erleben diese häufig das Gefühl des Instrumentalisiert-Werdens. Das Team spürt, dass es nur einen Wert hat, wenn es der Größe des Chefs dient. Diejenigen, die seine narzisstischen Bedürfnisse gut befriedigen, werden bevorzugt und gefördert. Unabhängige Geister, denen es in erster Linie um den Erfolg des ganzen Unternehmens geht, auch wenn Bedürfnisse Einzelner dabei zurückstehen müssen, kommen schnell in eine schwierige Situation – vor allem dann, wenn sie den Chef durch ihre Äußerungen kränken. Ein stark narzisstisch geprägter Chef ist leider oft auch dann gekränkt, wenn jemand aus der Mitarbeiterschaft in einer Sachdiskussion einen kritischen Einwand hat oder anderer Meinung ist als der Chef.

Dazu kommt eine Eigenschaft, die viele Menschen kennzeichnet, die keine gute narzisstische Balance in sich haben: Sie sind extrem nachtragend. Und so kann es in solchen Teams passieren, dass ein Mitarbeiter, der mehrfach durch einen unabhängigen Kopf aufgefallen ist und die narzisstische Bedürftigkeit der Führungskraft ignoriert und nicht bedient, immer feindseliger behandelt wird – bis hin zur Zerstörung der emotionalen Bereitschaft des Betreffenden, weiterhin konstruktiv mitzuarbeiten. Auf diese Weise treiben Führungskräfte Leute in die innere (und oft auch äußere) Kündigung, die ursprünglich viel Talent, viel Bereitschaft zum Engagement und viel guten Willen in das Arbeitsteam mitgebracht haben.

Eine spezielle Variante dieses Cheftypus kann Leistungen anderer nicht neben sich bestehen lassen. Manchmal eignet er sich diese Leistungen umstandslos gleich ganz an – wie im Fall eines Ingenieurs, den wir beraten haben. Er wurde von seinem Chef regelmäßig mit der Lösung spezieller kniffliger Probleme beauftragt. Der Ingenieur löste diese in der Regel auch und brachte eine entsprechende Präsentation in die Teamsitzung mit. Sein Chef hatte allerdings die Angewohnheit, in dieser Präsentation den Namen des Urhebers zu tilgen und seinen eigenen einzusetzen, um dann mit den Lösungen höheren Ortes zu glänzen. Bei narzisstisch akzentuierten Persönlichkeiten ist dabei beeindruckend, dass sie bei solchen Aktionen nicht das geringste schlechte Gewissen plagt. Als der Ingenieur seinen Chef auf die falsche Angabe der Urheberschaft ansprach, hatte dieser geantwortet: „Was wollen Sie denn, Sie sind schließlich *mein* Mitarbeiter, oder etwa nicht!?" Hier bildet sich die Unfähigkeit, den anderen als eigenständige Person mit eigenen Grenzen wahrzunehmen, sehr deutlich ab. Die Wirkung auf das Betriebsklima und die Bereitschaft zur vertrauensvollen Zusammenarbeit ist verheerend.

Der andere narzisstisch unfreie Cheftypus ist derjenige, der nahe dem minderwertigen Pol der narzisstischen Dichotomie zu Hause ist. Diesen Chefs ist selten etwas gut genug, und aus eigenen, qualvoll erlebten aber sorgfältig verborgenen inneren Minderwertigkeitsgefühlen werden alle in der Umgebung getriezt. Diese Chefs sind oft perfektionistisch, auch dort, wo weniger gut genug wäre, und man kann sie eigentlich nie zufriedenstellen. Gerechtfertigt wird diese Haltung dann in der Regel durch kernige Sätze wie: „Wer aufhört, besser sein zu wollen, hat aufgehört, gut zu sein." Sprüche dieser Art gibt es in der modernen Managementliteratur zuhauf. Es ist ja unbestritten, dass es sinnvoll ist, sich in einer Wettbewerbsgesellschaft Gedanken darüber zu machen, was an Verbesserungen oder Neuentwicklungen eines Produkts oder einer Dienstleistung nötig ist, damit das Unternehmen eine Zukunft hat. Beim narzisstisch dysbalancierten Chef, wie wir ihn hier beschreiben, dienen diese Sätze aber zum immerwährenden Antreiben der Leute – den Satz: „Das war jetzt aber gut!" wird man von solchen Vorgesetzten nie hören. Es ist wie beim Esel, der der Mohrrübe hinterherrennt, die ihm sein Reiter an einem Stock vor die Nase hält: Die Hetze hat kein Ende und doch wird das Ziel nie erreicht. Dazu gehört auch, dass es praktisch nie eine Pause gibt, in der man sich am Erreichten freuen kann. Wenn etwas nie genug ist, liegt es ja auch nahe, dass es keine Entspannung und kein Ausruhen geben kann. Das führt bei den betroffenen Chefs häufig zu Symptomen chronischer Erschöpfung, bei den von ihnen geleiteten Teams zu einer merkwürdig „grauen" und lustlosen Grundstimmung. Diese erwächst aus der durchaus wahrgenommenen Rastlosigkeit, die doch nie ans Ziel kommt und nie zufriedenzustellen ist.

Häufig haben Teams, die von narzisstisch akzentuierten Persönlichkeiten geführt werden, eine hohe Fluktuation. Die beiden geschilderten Cheftypen führen zu anhaltender Demotivation der von ihnen geführten Mitarbeiter.

Eine besondere Spielart narzisstischer Verformung im Wirtschaftsleben können wir bei Organisationen beobachten, die primär Ziele verfolgen, die nichts mit Gewinnorientierung zu tun haben. Gemeint sind zum Beispiel wohltätige Vereine, Organisationen mit reformpädagogischen Zielen, Hilfs- und karitative Organisationen jeder Couleur.

Sie genießen häufig in der Öffentlichkeit zu Recht ein hohes Ansehen, weil sie sich – oft ehrenamtlich oder massiv unterbezahlt – für eine gute Sache einsetzen. In den angelsächsischen Kulturen würde das Zusammenleben in manchen Bereichen gar nicht funktionieren, wenn es die Verpflichtung zur *charity* für Menschen, die in materiell guten Verhältnissen leben, nicht gäbe. In Kontinentaleuropa ist diese Kultur zwar auch vorhanden, aber nicht so ausgeprägt, weil hier der Staat traditionell mehr soziale Aufgaben übernehmen muss.

Wie wir gesehen haben, ist das Ansehen und die Wertschätzung die wichtigste Nahrung für einen Menschen, der narzisstisch bedürftig ist. Dieses Bedürfnis nach Wertschätzung ist, wie wir ebenfalls gesehen haben, eine *conditio humana* ist, der wir alle unterliegen. Ob der Narzissmus noch gesund oder bereits pathologisch ist, liegt eher im Ausmaß der Bedürftigkeit und in der Frage, inwieweit dieses Thema alle anderen in einem Leben überschattet bzw. in Beschlag nimmt. Wohltätige Organisationen oder solche, deren Existenz durch eine Idee religiöser, politischer, pädagogischer oder weltanschaulicher Art begründet liegt, bieten für Menschen, die eine hohe Dosis narzisstischer Bestätigung brauchen, ein weites Feld. Dann ist ihr Engagement nicht wirklich in der Sache begründet, sondern die Sache ist das Vehikel für die eigentliche, die narzisstische Dynamik.

Bei wohltätigen Organisationen findet sich gelegentlich eine Ich-großer-Helfer-du-armes-Opfer-Attitüde, die von denen, denen die Hilfe zugute kommen soll, sehr fein wahrgenommen wird, während die Helfer in der Regel empört reagieren, wenn man sie damit konfrontiert: „Jetzt engagiere ich mich schon selbstlos und in meiner Freizeit für die armen (Flüchtlinge, geschlagenen Frauen, Opfern von Sexismus und Rassismus, Obdachlosen usw.), und sie wollen mir das auch noch vorwerfen!" Der selbstgerechte Unterton dieser Art von Hilfe bleibt den Helfern in aller Regel verborgen. Dazu passt auch, dass jede Form von sachlicher Kritik an der Hilfe – zum Beispiel die, dass manche Hilfsorganisationen dazu beitragen, die Abhängigkeit von der Hilfe zu zementieren – mit moralischer Empörung erschlagen wird, anstatt ihr mit sachlichen Argumenten zu begegnen.

Fazit

Der Archetyp des Helden ist dadurch gekennzeichnet, dass er mit außerordentlicher Kraft und Geistesstärke ausgestattet ist und ein Ziel hat, das über sich selbst hinausweist und für die Gemeinschaft wichtig ist.

Diesen Heldentypen verkörpern heutzutage oft die Gründer von Unternehmen, die neue Technologien entwickeln und/oder verkaufen. Sie scheinen in jungen Jahren aus dem Nichts zu kommen und legen dann einen kometenhaften Aufstieg hin. Bewundert werden sie vor allem wegen ihres Reichtums.

Geld dient in unserer Welt als universeller Wertmaßstab. Es ist in einem narzisstischen Koordinatensystem daher kein Wunder, dass die Gleichung „viel Geld = viel Bewunderung" aufgestellt werden kann. Die Anbetung des Geldes kann daher gut als narzisstisches Phänomen verstanden werden. Wie in der Politik und im Showbusiness gibt es auch in der Wirtschaft die Versuchung der narzisstischen Korruption (der nicht selten eine finanzielle Korruption vorausgeht oder nachfolgt). Gemeint ist damit, dass sich die Motivation eines Wirtschaftsführers unmerklich immer mehr wandelt vom Interesse am Wohl der Firma zum Interesse am eigenen Glanz.

Die Grenzen zwischen einem gesunden und notwendigen Selbstbewusstsein, das nötig ist, um in der Wirtschaft Erfolg zu haben, und einer dysfunktionalen narzisstischen Entwicklung von Wirtschaftsführern sind fließend. Wenn der Glanz des Chefs die Haupttriebfeder für die Führung in der Wirtschaft ist, bedeutet das für das Wohl des Unternehmens oft nichts Gutes. Solche Wirtschaftsführer verbergen ihre narzisstische Motivation gerne hinter einer Fassade unermüdlichen Einsatzes für das Unternehmen, während hinter dieser Fassade eine erstaunliche Wüste menschlicher Sinnentleerung zu erahnen ist.

Für die Teams, denen solche Persönlichkeiten vorstehen, bedeutet das, dass sie nur dann von Interesse sind, wenn sie der Grandiosität des Chefs dienen. Abweichende Meinungen in Sachdiskussionen oder andere Wege, als sie der heroische Chef gehen will, führen schnell zu unangenehmen Konsequenzen für die Menschen, die sie vertreten. Das führt konkret häufig zur Vertreibung der guten Leute aus den Teams, weil sich diese den narzisstischen Bedürfnissen des Chefs auf Dauer nicht unterordnen wollen.

Eine besondere Spielart narzisstischer Bedürfnisbefriedigung Einzelner im Rahmen der Wirtschaft trifft man manchmal bei Wohltätigkeitsorganisationen an. Das Engagement für eine gute Sache, oft ehrenamtlich oder zumindest unterbezahlt, wird belohnt durch das große Ansehen, das die Betreffenden gewinnen, wenn sie sich unermüdlich für die gute Sache engagieren.

Teil II

Klinischer Teil

Fragen und Antworten im Hinblick auf pathologische und ‚normale' narzisstische Phänomene

In Teil II dieses Buches soll der Versuch unternommen werden, die wichtigsten Phänomene beim Narzissmus noch einmal kompakt herauszuarbeiten mit dem Ziel, einen roten Faden durch die vielen Facetten und Übergänge vom normalen Narzissmus zu narzisstischen Persönlichkeitsanteilen, narzisstischer Charakterstruktur bis hin zu den Formen der narzisstischen Persönlichkeitsstörungen zu legen.

Als Therapeuten sind wir dabei eher selten mit schweren Persönlichkeitspathologien beschäftigt, wohl aber mit der Krisenanfälligkeit von Anteilen der Persönlichkeitsstruktur und insbesondere mit den Auswirkungen im Beziehungsbereich, in der Intimität, beim Mitgefühl und Interesse am anderen in Partnerschaft und Freundschaften. Für viele Leser ist sicher eine häufige Frage, wie kann ich mit einem als narzisstisch empfundenen Partner zusammenleben, gibt es Entwicklungen oder Veränderungsmöglichkeit? Eine andere Frage ist die berufliche Machtebene, der Status, der Umgang mit den Kollegen, auch mit sogenannten Freunden. Was steckt hinter den Phänomenen der Ausbeutung und des Nutzens, den mir der andere bringen kann. Wie wird die Selbstexpansion, der inflationäre Selbstanspruch infrage gestellt, korrigiert oder gezügelt? Welche Rolle spielt das Prinzip: „Es ist nicht genug zu gewinnen, der Konkurrent muss richtig verlieren." Das heißt, wir werden neben der Selbstüberhöhung ausführlich auf Affekte wie Neid und Verachtung eingehen. Diese Patienten (es wird die männliche Form, der Narzisst, gewählt, da der Mann häufiger und stärker betroffen ist) suchen in der Regel eher selten Hilfe beim Therapeuten – sie begeben sich nur in Behandlung, wenn Probleme nicht mehr kontrollierbar sind, wie es zum Beispiel bei Suchtkrankheiten,

Herzinfarkt, Schlaganfall oder chronifizierenden Krankheiten wie Schmerzkrankheiten, Lungenemphysem oder im seelischen Bereich bei Panikattacken der Fall ist. An Fallbeispielen soll dargestellt werden, wie aus solchen Krisen auch Chancen erwachsen können, welche Schwierigkeiten Therapeuten aber auch bei der Behandlung erleben.

Diese Antworten basieren auf meiner Vortragstätigkeit der letzten zehn Jahre zu dieser Thematik und den Fragen, die die Zuhörer immer wieder gestellt haben.

Es soll der Versuch gemacht werden, kompakt noch einmal die wichtigsten Phänomene beim Narzissmus herauszuarbeiten mit dem Ziel, einen roten Faden durch die vielen Facetten und Übergänge vom normalen Narzissmus zu narzisstischen Persönlichkeitsanteilen, narzisstischer Charakterstruktur bis hin zu den Formen der narzisstischen Persönlichkeitsstörungen zu legen.

8 Fragen und Antworten zum Narzissmus

8.1 Besitzt der Narzissmus tausend Gesichter?

Diese Übertreibung soll ausdrücken, dass jeder Mensch seinen persönlichen Narzissmus hat, der ihn in bestimmten Krisenzeiten besonders anfällig oder überempfindlich macht. In diesen Phasen ist er zunächst vielleicht unbelehrbar, bis er dann, zur Reflexion fähig, merkt, welche Antreiber ihn zu überzogenen Urteilen oder intolerant abfälligen Entwertungen gebracht haben oder warum er bei wiederholten Beziehungskrisen die einstmals geliebte Person hat fallen lassen.

Die tausend Gesichter des Narzissmus beschreiben, dass es viele Kombinationen unter narzisstischen Persönlichkeitsanteilen gibt, die je nach Ausprägung bei Persönlichkeitsstörungen oder psychischen Auffälligkeiten eine besondere Form des Stabilisierungsversuchs darstellen. Zunächst kann es um die Vermeidung depressiver Verstimmtheit gehen, dann kann der Narzissmus aber auch krisenanfällig machen und zur glänzenden Selbstisolation und letztlich zur Einsamkeit führen.

Besonders krankhafte Züge können dann zum Beispiel bei antisozialen Persönlichkeiten, Psychopathen, Kriminellen auftreten, die „über Leichen gehen", die unter Größenideen jegliches Mitgefühl vermissen lassen, die krankhafte Lügner, Menschenverächter, machtbesessene Größenwahnsinnige sind. Das sind die destruktiven Narzissten.

8.2 Wie lässt sich Narzissmus definieren?

> **Narzissmus** „Von Narzissmus sollte man nur dann sprechen, wenn die Regulierung des Selbstwertgefühls problematisch ist und alle noch vorhandenen Konflikte dominiert und überlagert und sich dadurch spezifische Beziehungsprobleme ergeben. Das bedeutet aber, dass es verschiedene Formen von narzisstischen Störungen gibt." (Nach Hoffmann und Hochapfel 2004)

Ausgehend vom Mythos des Narkissos (Kap. 1) steckt in dem Begriff Narzissmus die übersteigerte Selbstliebe, der Egozentrismus, das besondere Interesse am eigenen Selbst. Die übersteigerte Beschäftigung mit dem eigenen Selbst, die Tendenz, den Selbstwert ständig zu steigern, hat Auswirkungen auf die Beziehungsstruktur. Während Selbstwert und Selbstakzeptanz durch Anerkennung erworben werden, sehnt sich der narzisstisch geprägte Selbstwert nach *ständiger* Anerkennung und Bewunderung, wobei er gleichzeitig diese Anerkennung dem anderen vorenthält bzw. diese nur formalistisch-instrumentell einsetzt und bei Konkurrenz sehr schnell zu Entwertungen bis hin zur Verachtung neigt.

Der Narzisst benutzt andere, um Ziele zu erreichen, die ausbeuterisch empfunden werden. Der Narzisst toleriert kaum Widerspruch oder Kritik. Er kann andersartige Meinungen, Lebensstile nicht wirklich interessant finden. Die Verführbarkeit, Grenzen zu überschreiten, lässt ihn anfällig werden für die Trias „Geldsucht, Machtsucht, Ehrsucht". Im Dienste der Macht kann auch die Sexualität, Attraktivität, der Leistungskörper stehen. Die Emotionalität ist häufig labil. Der Narzisst kann Stimmungsschwankungen zeigen, kann häufig aggressiv und impulsiv sein.

Wenn die Grandiosität zusammenbricht, können die verletzlichen Teile stärker in den Vordergrund treten, in narzisstischen Krisen sind es Suizidalität mit Fantasien von Frieden, Spannungslosigkeit, Harmonie. Die Minderwertigkeitsgefühle drücken sich in der Angst aus, von Beziehungen oder der Macht ausgeschlossen zu sein. Schamgefühle, Selbstentwertungen und Leeregefühle werden offenkundig.

8.3 Was ist ein gesunder Narzissmus?

Die Bipolarität des Kleinheits- und Größenselbst

Kleinheitsselbst Das Kleinheitsselbst beschreibt die hohe Verletzlichkeit des Selbst, die schamhaft verborgen und als Schwäche und Unfähigkeit entwertet wird.

Größenselbst Beim Größenselbst wird die Verletzlichkeit des Selbst mit Grandiosität, Überlegenheit und expansiver Macht kompensiert.

Die kompensatorische Überhöhung des Selbst als grandioses Selbst hat eine Tradition in der psychodynamischen Theorie, welche diese Haltung als Entwicklungsprozess auf dem Boden eines hoch verletzlichen, kränkbaren Kernselbst sieht. Das grandiose Selbst ist also quasi ein Schutzschild, aufgebaut auf Stärken im Machtmotiv, im Leistungs- und Erfolgsstreben, das verletzliche Persönlichkeitsanteile ausgleicht.

Dieses grandiose Selbst hat viele Gesichter. Dazu gehören die selbstgefällige Attitude als Überspielen der Selbstunsicherheit und die Intoleranz eigenen Fehlern gegenüber. Beispiele dafür sind der rigide, selbstbewusste Intellektuelle, der die Bildungsmacht als Waffe einsetzt, der Philosoph, der sich in abstrakten Höhen verliert, die nicht mehr nachvollziehbar sind, der machtpolitisch besessene Politiker und Diktator, die Unfehlbarkeit des Papstes, die

Selbstidealisierung des Gurus, die Halbgötter in Weiß. Bei all diesen und anderen Typologien finden wir mehr oder weniger verdeckt die hohe Verletzlichkeit und Kränkbarkeit. Die geringen Toleranzbreiten können wiederum korrespondieren mit den Grenzüberschreitungen von der Höchstleistung zur Grandiosität. Diese Grenzzone ist fließend von der besonderen Leistung zur Allmachtfantasie, eine Grauzone, mit der wir uns in diesem Buch auf vielen Feldern menschlicher Entfaltung und Leistung beschäftigen werden. Hier verlässt auch das Genie die Bodenhaftung und gerät wie Ikarus in den Bann der Sonne, verkörpert in dem Bild des tiefen Falls nach dem Höhenflug.

Was ist ein narzisstisches Gleichgewicht?

Wir verstehen einen stabilen Selbstwert als eine belastbare Größe, die nicht unverletzlich, aber quasi unbesiegbar ist und einen stabilen Kern im Selbstgefühl hat. Dieses Selbstgefühl ist in immerwährender dynamischer Entwicklung, es hat Stärken und Schwächen, stabile und fragile Seiten, sodass wir uns ein Leben lang damit beschäftigen, wie sich verletzliche Teile zu einem positiven Selbstgefühl entwickeln können. Im Lebenszyklus gibt es verschiedene Phasen, in denen wir unser Selbstgefühl, unser Selbstbild verändern und besonders vulnerabel sind. Hierzu gehören frühe Entwicklungsphasen im Kernselbst im Rahmen der Entwicklung der Bindungssicherheit, der Spiegelungsprozesse, von den Eltern als eigenständiges Individuum gedacht und geliebt zu werden. Besonders wichtig sind die Entwicklung der Schamregulation im dritten und vierten Lebensjahr, die Integration der Sexualität in der Pubertät, die Idealisierung der Liebe in der verliebten Beziehungsentwicklung. Die Expansion der Leistungsziele und die Auseinandersetzung mit dem Altern als narzisstische Kränkung sind weitere Beispiele. In jeder Phase gibt es eine besondere Verletzlichkeit, geht es um die Passungsfähigkeit der Selbstanteile wie die Versöhnung nach gescheiterten Zielen. Da hier nur einzelne Punkte herausgegriffen werden, wie narzisstische Dysregulationen möglich sind, ist es selbstverständlich, dass es sich um einen sehr großen Bogen der Selbstregulation mit vielfacher De- und Restabilisierung handelt, sodass es letztlich ein narzisstischer Anspruch wäre, hier eine nur annähernde Vollständigkeit darstellen zu können.

Was schließlich zur narzisstischen Störung führt, ist die Überforderung der Integrationsfähigkeit des vulnerablen, fragilen Selbst mit dem idealen Selbst, das uns vorantreibt. Dieses Spannungsfeld, das uns seit Freuds Arbeit von 1914 unter vielfältigen neuen Perspektiven beschäftigt, besteht aus zahlreichen Bedingungen im fragilen Selbst wie im übersteigerten grandiosen Selbst. Die Funktionalität der Integrationsfähigkeit ist eine dritte Ebene, die zu einem gestörten Narzissmus und dann zu einer klinisch relevanten Persönlichkeitsstörung führen kann.

Stabiler Narzissmus

Die gesunde oder besser stabile narzisstische Regulation zeichnet sich aus durch eine Kontinuität und Stabilität im Selbsterleben, eine gute Selbstabgrenzung und Flexibilität in der Anpassung. Der nach außen gewendete Narzissmus kann flexibel für die gesunde Selbstdarstellung eingesetzt werden. Die Anpassung an die Umgebung ist geschmeidig, ohne diese der eigenen Meinung, Gefühlshaltung unterzuordnen. Abbildung 8.1 zeigt, dass der stabile Narzisst Verletzlichkeit vermeidet, jedoch prinzipiell zulassen kann. Hierin liegt die Fähigkeit zu Abhängigkeit, Bindung, Anlehnung, Trauer und Beziehungsfähigkeit. In Stresssituationen ist er in der Lage, kompensatorisch Höchstleistung abzurufen, welche die Gefahr in sich birgt, dass diese suchtartig fortgeführt wird und andere Lebensbereiche übergangen werden, wie viele der dargestellten Beispiele bezeugen.

Robuster Narzissmus

Der robuste Narzisst spaltet sein verletzliches Selbst ab und muss dadurch sein grandioses Selbst expansiv ausbauen. Sein Selbstwertgefühl ist jedoch stabil, sodass er realitätsangepasst das grandiose Selbst steuern kann. Er schützt sich dadurch vor Selbstwertkrisen, tiefen Selbstzweifeln oder Suizidalität. Die verletzlichen Seiten werden jedoch häufig auf Personen der Umgebung projiziert.

Beispiel: Erfolgsstreben und Selbstwert in der Teamarbeit Auf der positiven Seite kann das uneingeschränkte Erfolgsstreben eines Chefs Mitarbeiter in einer positiven Grundeinstellung beflügeln. Die positive Beteiligung am Erfolg kann selbstwertstärkend sein. Häufig findet man aber auch das Phänomen, dass der Teamleiter den Erfolg nur auf sich bezieht und die „Sahne des Ruhms" abschöpft. Dieses nicht wahrgenommene egozentrische Verhalten führt häufig dazu, dass sich die Mitarbeiter ausgebeutet fühlen und tiefgreifend gekränkt sind. Die geringe soziale Empathie kann auch dazu führen, dass Teammitglieder den Leistungsdruck mit Freudlosigkeit, Distanz und einer zunehmenden inneren Kündigung beantworten.

Der robuste Narzissmus erweist sich jedoch flexibel und adaptiv und kann Entwicklungen korrigieren, da ein ausreichend stabiles Selbstwertgefühl vorliegt.

Pathologischer Narzissmus, narzisstische Persönlichkeitsstörung

Menschen mit einer narzisstischen Persönlichkeitsstörung oder Persönlichkeiten mit ausgeprägten narzisstischen Zügen kompensieren ihr hoch ver-

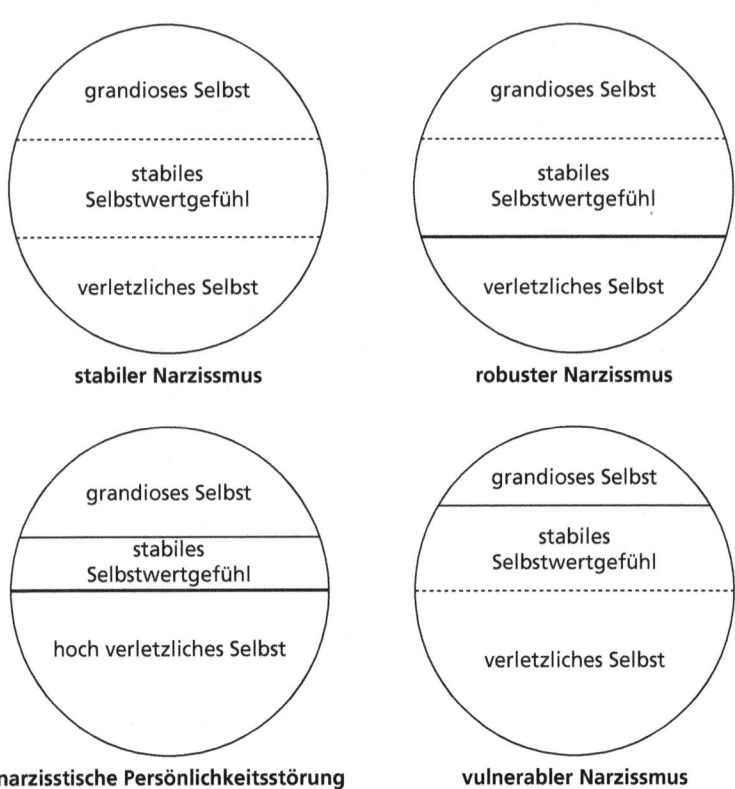

Abb. 8.1 Formen des Narzissmus. Diese vier Typen sollen als Markierungen verschiedene Ausschnitte aus dem Kontinuum narzisstischer Regulation zwischen Verletzlichkeit und ignoranter Empathielosigkeit, Arroganz mit Verachtung und Entwertung aufzeigen. Die gestrichelte Linie verweist auf die Durchlässigkeit und Integrationsfähigkeit verletzlicher und grandioser Selbstanteile. Die durchgezogene Linie stellt die Abspaltung dar. Während die Extremwerte klinisch-pathologische Fälle darstellen, spielt sich im Bereich der narzisstischen Persönlichkeitsanteile eine Dynamik ab, die unter bestimmten Stresskonstellationen häufig narzisstische Persönlichkeitsanteile an die Oberfläche treten lassen. So reicht das Spektrum im grandiosen Bereich vom übertriebenen, sichtbaren Selbstbezug (Egozentrik) („Alle denken nur an sich, nur ich denke nur an mich") über narzisstische Neurosen (Geltungsdrang) bis zur narzisstischen Persönlichkeitsstörung und dem malignen oder destruktiven Narzissmus (Sadismus, Straftaten, Manipulationstendenzen). Durch die oft spektakulären Fälle im destruktiven Narzissmus ist insgesamt die Begrifflichkeit und Bedeutung des Narzissmus negativ konnotiert

letzliches Selbst durch ein überzogenes, rigides und grandioses Selbst. Das verletzliche Selbst bleibt gespalten und wird durch eine äußere Schale der Unverletzlichkeit kompensiert. Der pathologische Narzisst toleriert keine Selbstkritik, verachtet sich bei Schwäche, wird unter Stress rigide und versucht, auf Kosten anderer eigene Interessen machtvoll durchzusetzen und bei anderen Schwächen zu induzieren (Beispiele s. u.).

Vulnerabler Narzissmus

Der vulnerable Narzisst zeigt einen kleinen Bereich des sehr stabilen Selbstwertgefühls. Dieses wird ständig angegriffen durch das nicht stabil abgewehrte, verletzliche Selbst. Das grandiose Selbst ist in der Regel durch Fantasien ausgestaltet, findet jedoch verdeckt statt, sodass nach außen häufig die Selbstunsicherheit, Depressivität und Ängstlichkeit dominiert. Die Abwehr in der Form „Angriff ist die beste Verteidigung", die Kränkung anderer, der Abbruch von Beziehungen sind getragen von Entwertungsimpulsen, die sich als narzisstischer Persönlichkeitsanteil definieren (Beispiele s. u.).

Um die meist verdeckten narzisstischen Anteile wahrzunehmen, ist es sinnvoll, bestimmte Facetten der Persönlichkeit des Narzissten zu beurteilen. Hilfreiche Fragen für die Klärung narzisstische Persönlichkeitsanteile wurden von Dammann (2012) formuliert:

- Kann jemand bei Problemen differenziert auch eigene Anteile sehen oder nicht?
- Kann jemand Fehler zugeben und sich entschuldigen (Wiedergutmachungen)?
- Weist ein Lebenslauf eine bestimmte Kontinuität auf?
- Übt die Person eine starke Faszination aus?
- Hat die Person langjährige Mitstreiter und Freunde?
- Hat jemand angefangene Projekte, Studiengänge usw. beendet, auch wenn es schwierig oder langweilig wurde?
- Kann jemand auch die Leistungen anderer voll würdigen?
- Wie beziehungsfähig erscheint jemand auch im privaten Bereich?
- Entsteht ein Gespräch oder bleibt es bei einem Monolog?

Ein Mensch mit ausgeglichenem Selbstbewusstsein, Selbstliebe und Selbstakzeptanz ist in seinem Gleichgewicht gut abgefedert. Anders sind die im Kern Verletzten und Verunsicherten, die sich bedroht fühlen. Diese fokussieren fast permanent auf das eigene Selbst, leiden unter Ignoranz, fühlen sich oft nicht genügend beachtet oder angegriffen.

8.4 Worauf achtet ein Therapeut, wenn er einen Narzissten kennenlernt?

Diese folgende Liste an Fragen ist nur ein möglicher Leitfaden, entscheidend ist, wie der Narzisst im Gespräch auch Raum bekommt, narzisstisch sein zu dürfen. Man sollte ihm soviel Respekt wie möglich entgegenbringen, sodass er sich angenommen fühlt und nicht nur eine Fassade abgibt. Dann zeigt er die Feinabstufungen seines Charakters.

- Welches Augenmerk legt er auf ein attraktives Äußeres? Wie zieht er Blicke auf sich, welche Körpergestaltung, Kosmetik löst welches Interesse aus? Perfektionistische Schönheit kann auch Distanz schaffen und das Gefühl, eine undurchdringliche Maske vor sich zu haben, entstehen lassen.
- Wie drückt er sich aus? Drücken sich darin Intellektualisierung, Arroganz, Meinungsmacht aus? Sucht er das Gespräch oder sucht er eher im Monolog Bewunderung?
- Zu welchem Grad an Selbstreflexion ist er in der Lage, kann er sich von verschiedenen Perspektiven aus betrachten? Ist er in der Lage, schwierige Seiten auch selbstkritisch zu sehen?
- Wie geht er mit Fehlern um? Ist er in der Lage, sich zu entschuldigen, Fehler wieder gut zu machen?
- Neigt der Gesprächspartner zu Extremen, zu Idealisierung, Ideologien? Entwertet er im Schwarz-weiß-Denken den Andersdenkenden?
- Wie stellt er sich in Konkurrenzsituationen dar, als *primus inter pares* oder einzigartig? Wie formuliert er seine Stärken?
- Kann er Hilfe annehmen? Wie sucht er Hilfe? Welche Dankbarkeit ist ihm möglich?
- Wie geht er mit Freunden um, kann er Freunde für längere Zeit halten? Welches Interesse bringt er für andere auf?
- Wie geht er mit Kritik und Aggression um? Wie sehen andere seine schwierigen, auch aggressiven Seiten?
- Wie sieht er seine Spannungszustände, seine Ausgeglichenheit? Wie verhält er sich in Stresssituationen (Suchtmittel)?
- Unter wem hat er in seiner Entwicklung besonders gelitten und wie? Wen hat er besonders unter sich leiden lassen?
- Welche Leistung anderer, Kollegen oder Geschwister, kann er anerkennen und wie?
- Wie sieht er sein bisheriges Beziehungsleben? Woran scheiterten Beziehungen, waren sie kurz- oder längerfristig? Sieht er dabei die Schuld mehr bei den anderen oder auch kritische Aspekte bei sich selbst?
- Was in seinem Lebenslauf hat ihn geprägt, dazu gemacht, was er heute ist?

Hilfreich können auch Fragebögen wie das Narzissmusinventar (NI) von Deneke und Hilgenstock (1989) sein. Das Ergebnis der Befragung ist natürlich abhängig von der Offenheit und der Selbstwertsituation des Befragten, gibt aber Einblick in die Antwortbereitschaft auf bestimmte Fragen, die Selbstreflexion erfordern.

8.5 Wie werden narzisstische Persönlichkeitsstörungen in der Psychiatrie klassifiziert?

Die Einteilung narzisstischer Phänomene in Kategorien wie Selbstüberzeugung, Ausprägung der Anerkennungssuche, Publizität, Strahlkraft, Machtinsignien, Potenz und Status erweist sich als kulturabhängig und ist bestimmt von äußeren Bewertungskategorien, die auch abhängig sind von den Wertesystemen der Beurteiler. Die Grenzbereiche zwischen Normalität und Störung durchziehen die Identifikation psychischer Erkrankungen. Immer geht es um Ausprägungsgrade, Dimensionen zwischen zu wenig oder zu viel Angst, mal leichter, mäßiger und schwerer Depression usw.

Die beim Narzissmus im Mittelpunkt stehende narzisstische Vulnerabilität bedeutet eine Anfälligkeit im Selbstgefühl und im Selbstwert, die zu schützen und zu bewältigen eine häufig lebenslange Aufgabe ist. Im Vordergrund stehen die unterschiedlich ausgeprägten Emotionen, narzisstische Wut, Aggression, Verachtung und Neid. Die Gefühle der Minderwertigkeit und Schwäche können kompensiert werden durch expansive Gefühle der Macht, Selbstexpansion, Absicherung mit Machtattributen. Hier haben wir es mit der narzisstischen Kompensation des Selbstgefühls zu tun.

Eine besondere Ebene ist die Suche nach Anerkennung und Bewunderung in Beziehungen, die das Selbstgefühl stabilisieren – eine Form der Liebe, die aber in besonderer Form krisenanfällig ist.

Die narzisstische Persönlichkeit wurde von der American Psychiatric Association im *Diagnostic and statistical manual of mental disorders* (DSM) (*Diagnostisches und statistisches Manual psychischer Störungen*) definiert. Die vierte Auflage (DSM-IV) stammt aus dem Jahr 1996 (deutsche Übersetzung der Textrevision aus dem Jahr 2000 von Saß et al. 2003), die fünfte (DSM-V) aus dem Jahr 2013. Diesem Klassifikationssystem folgt auch die *International classification of diseases* (ICD; *Internationale statistische Klassifikation der Krankheiten und verwandter Gesundheitsprobleme*) der Weltgesundheitsorganisation der Vereinten Nationen (WHO).

Diagnostische Kriterien im DSM-IV

Vorherrschend sind ein tiefgreifendes Muster von Großartigkeit (in Fantasie oder Verhalten), ein Bedürfnis nach Bewunderung und ein Mangel an Empathie. Der Beginn liegt im frühen Erwachsenenalter und zeigt sich in verschiedenen Situationen. Mindestens fünf der folgenden Kriterien müssen erfüllt sein, um die narzisstische Persönlichkeitsstörung sicher zu diagnostizieren. Der Patient

- hat ein grandioses Gefühl der eigenen Wichtigkeit (übertreibt z. B. die eigenen Leistungen und Talente; erwartet ohne entsprechende Leistungen als überlegen anerkannt zu werden).
- ist stark eingenommen von Fantasien grenzenlosen Erfolgs, von Macht, Glanz, Schönheit oder idealer Liebe.
- glaubt von sich, besonders und einzigartig zu sein und nur von anderen besonderen oder angesehenen Personen (oder Institutionen) verstanden zu werden oder nur mit diesen verkehren zu können.
- verlangt nach übermäßiger Bewunderung.
- legt ein Anspruchsdenken an den Tag, das heißt übertriebene Erwartungen an eine besonders bevorzugte Behandlung oder automatisches Eingehen auf die eigenen Erwartungen.
- ist in zwischenmenschlichen Beziehungen ausbeuterisch, das heißt zieht Nutzen aus anderen, um die eigenen Ziele zu erreichen.
- zeigt einen Mangel an Empathie und ist nicht willens, die Gefühle und Bedürfnisse anderer zu erkennen oder sich mit ihnen zu identifizieren.
- ist häufig neidisch auf andere oder glaubt, andere seien neidisch auf ihn.
- zeigt arrogante, überhebliche Verhaltensweisen oder Haltungen.

Diagnostische Kriterien im DSM-V

Da die selbstunsichere Seite des Narzissten im DSM-IV unberücksichtigt blieb, wie auch die unterschiedlichen Erscheinungsformen und Abstufungen in den Ausprägungen, wurde in der folgenden Auflage des DSM, DSM-V, eine neue Operationalisierung vorgeschlagen: Eingeführt wurde eine fünfstufige Schweregraddiagnostik auf Ebenen der Persönlichkeitsfunktion, wobei Störungen in Funktionsbereichen Selbst (Identität, Zielorientierung) und interpersonell (Empathie und Intimität) eingeschätzt werden. Ein Hauptaspekt der Veränderung ist die Berücksichtigung der vulnerablen narzisstischen Regulation.

Die Häufigkeit narzisstischer Persönlichkeitsstörungen war bisher durch Studien mit Fragebögen, die angesichts der negativen Beschreibungen nur eine geringe Validität aufwiesen, ca. 1 %. In Interviews wurden jetzt in einer repräsentativen amerikanischen Untersuchung bei Männern 7,7 % und bei Frauen 4,8 % gemessen. Dabei handelt es sich um pathologische Ausprägungen, nicht um narzisstische Persönlichkeitsanteile allgemein.

Die Voraussetzung für die Diagnose einer Persönlichkeitsstörung sind Beeinträchtigungen des Funktionsniveaus der Persönlichkeit (Selbst, interpersonell) sowie das Vorliegen von pathologischen Persönlichkeitszügen. Für die Diagnose einer narzisstischen Persönlichkeitsstörung müssen folgende Kriterien erfüllt sein.

Beeinträchtigung des Funktionsniveaus der Persönlichkeit in den Bereichen:

1. Relevante Beeinträchtigung im Funktionsbereich Selbst (a oder b)
   a. Identität: Andere Menschen werden in hohem Ausmaß für die Definition des Selbst und für die Selbstwertregulierung eingesetzt. Die übermäßigen Selbstbewertungen können idealisierend oder entwertend sein bzw. auch zwischen den beiden Extremen oszillieren. Die Emotionsregulation ist durch Fluktuationen des Selbstwertgefühls beeinträchtigt.
   b. Zielorientierung: Wichtiges Ziel ist es, Anerkennung von anderen zu erhalten. Die persönlichen Maßstäbe sind unangemessen hoch, um sich selbst als außergewöhnlich wahrnehmen zu können, oder zu niedrig vor dem Hintergrund eines Anspruchsdenkens. Oft sind die eigenen Motive nicht bewusst.

2. Beeinträchtigung des interpersonellen Funktionierens (a oder b)
   a. Empathie: beeinträchtigte Fähigkeit, die Gefühle und Bedürfnisse anderer zu erkennen bzw. sich mit diesen zu identifizieren; extreme Aufmerksamkeit für Reaktionen anderer, jedoch nur, wenn diese als relevant für das Selbst wahrgenommen werden; Über- und Unterschätzung der eigenen Wirkung auf andere.
   b. Intimität: Beziehungen überwiegend oberflächlich und im Dienste der Selbstwertregulation; Reziprozität der Beziehungen ist aufgrund des geringen echten Interesses am Erleben anderer und des Vorherrschens des Wunsches nach persönlichem Vorteil limitiert.

3. pathologische Persönlichkeitszüge in den folgenden Bereichen (a oder b); Antagonismus im folgenden Sinne
   a. Grandiosität: Anspruchsdenken, entweder offen oder verdeckt; Selbstbezogenheit; Festhalten an der Überzeugung, besser als andere zu sein; herablassend anderen gegenüber.
   b. Suche nach Aufmerksamkeit: exzessive Versuche, andere für sich zu gewinnen und im Mittelpunkt deren Aufmerksamkeit zu stehen; Suche nach Bewunderung.

Herausgehoben sind also die besondere Definition des Selbst und die Selbstbewertungen zwischen idealisierend und entwertend.

Tab. 8.1 Zwei Typen narzisstischer Persönlichkeitsstörungen. (Nach Gabbard 2010)

Unbeirrter Narzisst	Vulnerabler Narzisst
ist sich über die Reaktionen anderer nicht gewahr	ist höchst sensibel gegenüber Reaktionen anderer
ist arrogant und aggressiv	ist gehemmt, scheu oder sogar übertrieben bescheiden
ist mit sich selbst beschäftigt, egozentrisch	lenkt Aufmerksamkeit mehr auf andere als auf sich selbst
braucht es, im Zentrum der Aufmerksamkeit zu stehen	vermeidet, im Zentrum der Aufmerksamkeit zu sein
hat einen „Sender, aber keinen Empfänger"	hört anderen sorgfältig zu, um Anzeichen für Kränkungen und kritische Äußerungen nicht zu übersehen
ist offensichtlich unempfindlich gegenüber Kränkungen durch andere	fühlt sich leicht gekränkt; neigt dazu, sich beschämt und gedemütigt zu fühlen

Der robuste und der vulnerable Narzisst

In ähnlicher Weise wie im DSM-V unterschied der Kliniker bisher zwischen dem unbeirrten, robusten und dem vulnerablen Narzissten (Tab. 8.1).

Unbeirrter Narzisst

Beim unbeirrten Narzissten kann von einem offenen Typus mit Größengefühlen, Überheblichkeit, Arroganz, Suche nach Bewunderung, Mangel an Empathie usw. gesprochen werden. Davon unterschieden werden kann beim unbeirrten Narzissten der verdeckte Typus, bei dem der Narzissmus zum Beispiel durch nach außen getragene Demut und Bescheidenheit verdeckt bleibt: Mit Scham und Scheu wird beispielsweise der Reichtum verborgen, mit überzogenem Understatement wird versucht, den Neid gegenüber anderen abzuwehren. So können sich kirchliche Würdenträger, dem Kommunismus oder Sozialismus verpflichtete Politiker oder Gewerkschaftler nach außen hin der Armut verpflichtet zeigen, sich auf der anderen Seite aber mit pompösen Gebäuden oder Dienstwagen schmücken. Diese Akzentuierung der äußeren Oberfläche folgt dem Prinzip: „Joschele, so groß, wie Du Dich zeigst, so klein bist Du gar nicht" oder „Joschele, so klein, wie Du Dich machst, so groß bist Du gar nicht."

Vulnerabler Narzisst

Das Selbstwertgefühl des durchlässigen oder narzisstisch-vulnerablen Typus (Tab. 8.1) erweist sich als instabil, abhängig von anderen. Die Unsicherheit im Selbst wird gerne verborgen und geht einher mit einer Selbstabwertung. Während beim vulnerablen Typus fehlende Anerkennung, Rückzug und Selbstentwertung vorkommen, tritt beim grandiosen Typus nach außen gerichtete Wut auf.

Bei dem selbstwertfragilen, narzisstisch-vulnerablen Typus, bei dem die Entwertung gegen die eigene Person gerichtet ist, besteht eine Schnittmenge mit dem Persönlichkeitstypus der selbstunsicher-vermeidenden Persönlichkeitsstörung. Wichtig sind hier die abgewehrte narzisstische Grandiosität mit der Idealisierung anderer, das Verlangen, einem idealisierten, machtvollen Menschen nahe zu sein, sich ihm zu unterwerfen. In den Fantasien findet man grandiose Selbstkonzepte und auch die fantasierte Entwertung anderer. Der eher verdeckte Teil kann unter Stress manifest werden. Dann kann auch der Selbstunsichere den Partner ausbeuten, entwerten und dessen verletzliche Stellen angreifen. Auch kann zwischen dem offenen, selbstunsicheren Pol und dem latent-aggressiven Pol ein Oszillieren stattfinden. Bedeutsam ist hier, dass beim verletzlichen Typus der Schamaffekt offen wahrgenommen wird und der Leitaffekt ist, während Aggression und Verachtung stark kontrolliert werden, gegen die eigene Person gewendet werden und nur gelegentlich impulsiv durchbrechen.

In einer psychodynamischen Operationalisierung wird das Strukturniveau als Ordnungsprinzip des Schweregrades eingesetzt, welches mit den modernen Entwicklungen des DSM-V gut zu verbinden ist. Die narzisstische Persönlichkeitsstörung kann eingeteilt werden in

- einen robusten, exhibitionistischen stabilen Typus auf hohem Strukturniveau,
- einen grandiosen Narzissmus mit bedeutsamen interpersonellen Konflikten im Sinne der Beschreibung des DSM-V auf mittlerem Strukturniveau und
- einen malignen grandiosen Narzissmus mit antisozialen Persönlichkeitseigenschaften auf niedrigem Strukturniveau.

Bei den Übergängen zum pathologischen Narzissmus sind folgende Beurteilungen wichtig:

- Inwieweit hat das expansive Größenselbst die Bodenhaftung verlassen und unterliegt keiner Realitätskontrolle mehr (z. B. große Geschäftsvorhaben, grandiose Bauprojekte ohne realistische Kostendeckung)?
- Inwieweit wird Selbstkritik völlig verleugnet?

- Werden soziale Kontexte und Gruppen aufgesucht, die sich hermetisch der Auseinandersetzung entziehen und Privatideologien aufbauen?
- Wie eingeschränkt ist die Frustrationstoleranz und die narzisstische Wut ausgeprägt, zum Beispiel bei Rachsucht?
- Inwieweit wird jegliche echte Bindung vermieden, Sexualität nur instrumentalisiert als Machterotik eingesetzt, sodass hier auch keine Verlustangst bei einer Trennung auftritt?

Die quantitativ größte Zahl sogenannter narzisstischer Persönlichkeiten wird im Übergangsbereich zwischen normalem Narzissmus und narzisstischen Persönlichkeitsanteilen zu sehen sein.

8.6 Wie entsteht ein kohärentes Selbst?

Wenn wir von dem grandiosen Bild des selbstverliebten Narzissmus ausgehen, so ist dieser neben den ausgelebten oder fantasierten Grandiositätsvorstellungen charakterisiert durch ein Gefühl der Nichtigkeit und Bedeutungslosigkeit, einhergehend mit Neid auf andere, die im Besitz eines Selbstwertes sind. Dann müssen Modelle gefunden werden, die zum Verständnis dieser Verletzlichkeit, dieses sich unwert und nichtig Fühlens, beitragen. Modelle bedeuten eine Vereinfachung, Erklärungsmuster, die immer beinhalten, dass bei der Ausprägung von Entwicklungsstörungen viele Faktoren, auch Schutzfaktoren wie Temperament, Intelligenz und die Fähigkeit, unterstützende Personen zu finden und innerlich zu etablieren, ineinanderwirken.

Was heißt Spiegelung?

Affektabstimmung (affektives Spiegeln im wechselseitigen Blickkontakt) zwischen Mutter und Säugling
- Während des gesamten ersten Lebensjahrs spielen visuelle Erfahrungen eine herausragende Rolle in der sozialen und emotionalen Entwicklung.
- Der emotionale Gesichtsausdruck der Mutter ist der wirksamste visuelle Stimulus in der Umgebung des Säuglings.
- Der Blick des Säuglings zieht verlässlich den Blick der Mutter auf sich.
- Pupillen sind ein schnelles Kommunikationsmedium auf der unbewussten Ebene.
- Die Weitung der Pupillen der Mutter geht mit positiven Emotionen der Freude und des Interesses einher.
- Der Säugling reagiert auf geweitete Pupillen mit einem Lächeln.
- Große Pupillen des Säuglings lösen bei der Pflegeperson Pflegeverhalten aus.

Im ersten Lebensjahr erfolgt die Affektabstimmung zwischen Baby und Bezugsperson. Sie basiert auf Feinfühligkeit und muss ein feines Wechselspiel von Resonanzen, aber auch Dissonanzen haben, wodurch Spannungsfelder entstehen. Das drei Monate alte Kind kann mit seinem Lächeln ein Lächeln in das Gesicht der Eltern zaubern. Es findet es interessant, mit dem Fuß ein Mobile in Bewegung zu setzen oder ein Geräusch mit einer Rasselkette zu erzeugen. Diese Selbstwirksamkeit ist die Basis des inneren Antreibers, immer mehr, immer Differenzierteres bewirken zu können. Mit dieser Macht über das Außen geht aber auch eine Ohnmacht einher – die Ohnmacht der Abhängigkeit, die bewusst wird, wenn am Ende des ersten Lebensjahres mit der Motorik die erste Trennung von der Mutter möglich und damit die Trennungsangst aktiviert wird. Diese Trennungsangst aktiviert wiederum das Bindungssystem und erhält die Bindung. Das Bindungssystem ist eine Basis für Sicherheit, Verlässlichkeit und Vorhersagbarkeit der Reaktion des anderen, ein Nährboden, auf dem auch die Selbstwirksamkeit mit Experimentierlust weiter entfaltet werden kann:

- Die zentrale adaptive Funktion der Bindungsdynamik besteht darin, durch das Interaktionsgeschehen das optimale Niveau positiver Zustände und vitaler Affekte zu erzeugen und aufrechtzuerhalten.
- Die Widerstandskraft eines kleinen Kindes besteht in der Fähigkeit von Kind und Eltern, den Übergang von einem positiven zu einem negativen und zurück zu einem positiven Affekt zu bewerkstelligen.
- Widerstandsfähigkeit angesichts von Stress ist ein bedeutsamer Indikator der Bindungsfähigkeit.

Parallel zur Trennungsangst läuft aber auch das erhöhte Selbstgefühl, wenn sich das Krabbelkind zum Laufkind entwickelt. Die Erfahrung, stehen zu können, schafft ein von den Eltern als beglückend erlebtes Grandiositätsgefühl, welches mit dem Kind geteilt wird. Die Bewunderung für das motorische Geschick wie auch für differenziertere Geschicklichkeitsspiele, zum Beispiel etwas verschwinden zu lassen und wiederzuentdecken, ist ständig präsent. Vor allem bei Mädchen kann beobachtet werden, wie sich die Zeigelust entwickelt, in den hochhackigen Schuhen der Mutter zu stolzieren, sich einen Schal umzulegen oder einen Hut aufzusetzen. Die Resonanzen werden dann auch „als Glanz im Auge der Mutter" als Metapher beschrieben, indem die Freude über Fortschritte, der geteilte Stolz und der Erwerb der Fähigkeit mit Anerkennung und Bewunderung gespiegelt werden. Die Frustrationen, die von misslingenden Experimenten, Stürzen und anderen Hilflosigkeiten ausgelöst werden, werden als normale Grenzerfahrung betrachtet und tröstend von den Eltern begleitet.

Anders am Ende des zweiten Lebensjahrs, in dem in den Trotzphasen die nach außen gerichtete Aggression und die Hilflosigkeit von den Eltern begrenzt werden. Nun zeigen die Eltern frustrierendes und begrenzendes Verhalten dem Kind gegenüber, was besonders kränkbare Kinder als Ablehnung ihrer Person interpretieren, sei es, weil sie schon in den vorausgegangenen Phasen durch Bindungsunsicherheit fragiler und verletzlicher sind als andere, oder auch, weil sie eine Disposition zu besonderer Verletzlichkeit haben.

In dieser motorisch aggressiven Phase, die einen guten Umgang mit Grenzen von den Eltern abverlangt, kann jedoch auch die Aggressionssteuerung der Eltern scheitern und in Gewalt umschlagen. Es ist eine Gewalt, die dem Trotz nicht mehr adäquat begegnet, die willkürlich durchbrechen kann, die das Kind als schwierig ausgrenzt und es als Blitzableiter in eine ohnmächtige Position bringt. In der Folge hat das Kind Schwierigkeiten, die Kontrolle der eigenen Aggression zu erlernen. Während das Kind also mit einer Spiegelung der Grandiosität in das zweites Lebensjahr startet und gleichzeitig die Eltern idealisiert, kommt es zu Bruchlinien in der Idealisierung und die Selbstwertregulation beginnt einen lebenslangen, konflikthaften Passungsprozess zwischen Selbst und Umwelt. Wenn nun eine Annäherung zwischen ohnmächtigem Selbst und idealem Selbst gelingt, dann entstehen gleichzeitig eine Kränkungstoleranz und ein stabiles Selbst.

Zusammengefasst ist die Basis eines kohärenten Selbst die Bindungssicherheit, die eine bessere Kränkungstoleranz und Konfliktfähigkeit in Beziehungen ermöglicht. Sie ist ein entscheidender Faktor für die Entwicklung eines stabilen Selbstwerts. Sie bietet inneren Halt bei Verlust- und Verlassenheitssituationen. Dieser innere Halt wiederum schützt vor zu großen Abhängigkeiten. Die Bindungssicherheit ermöglicht die Selbstwirksamkeit, sich Trost und Beruhigung zu holen, und sie erhöht damit die Stresstoleranz.

Welcher Erziehungsstil fördert den Selbstwert?

Das Kind bleibt aber noch lange Zeit mit den Eltern fusioniert. Die Selbstgrenzen werden in Stufen errichtet. Fusionierung bedeutet, dass das Kind negative Emotionen nicht selbst regulieren kann und auf die beruhigende, tröstende Resonanz der Eltern angewiesen ist. In sozialen Biofeedbackreaktionen, wie sie Gergely und Watson (2004) nennen, gibt es Interaktionen zwischen Kind und Eltern, in denen die Erfolgserlebnisse mit Freude begleitet werden, Misserfolge und Frustrationen aber auch bis zu einem gewissen, tolerablen Maß ausgehalten werden müssen. Durch positive Erfahrungen mit Selbstobjekten (positive Abstimmung zwischen Kind und Elternfigur) integriert sich im Selbst ein Gefühl von innerem Zusammenhalt, Vitalität und Harmonie. Kohut (1979) beschreibt diesen Prozess der Integration zur Selbstkohärenz als entscheidende Errungenschaft auf dem Weg zu einer reifen Persönlichkeit. Kränkungstoleranz und Frustrationstoleranz bedeuten bei der Entwicklung des Selbst immer auch, auf Grenzen gestoßen zu sein. Dabei kann elterliche Permissivität die Expansion des Selbst zu sehr fördern, um es dann mit härteren narzisstischen Kränkungen wieder auf den Boden herunterzuholen. Durch diese Wechselbäder werden Verletzlichkeit und kompensatorische Grandiosität wie auch narzisstische Wut stimuliert.

8.7 Das gute oder das böse Auge – Was hat mich mehr geprägt?

Zur Entwicklungspsychologie des Narzissmus

Der Glanz in den Augen der Eltern ist der Wegbereiter eines positiven Grundgefühls der Freude. Von Natur aus ist der Mensch aber, wie beschrieben, mit genauso vielen negativen Emotionen, Angst, Zorn, Verachtung, Trauer ausgestattet. Im zweiten Lebensjahr ist auch schon sehr früh, wohl in rudimentärer Form, ein neidvoller Blick zur Seite, zum Geschwister, zu erkennen, wenn dieses die Aufmerksamkeit der Mutter auf sich zieht. Besonders bei geringem Altersabstand ist die Geschwistersituation sehr relevant. Hier findet das ältere Geschwister die Situation früher Trennung vor. Es erweist sich als sehr stabilisierend, wenn der Vater dann verstärkt in die Bindung zum Kind eintritt. Dieser kann ein positives Macht- und Wirksamkeitsgefühl anstoßen, da Väter die Motorik häufig sehr lustvoll besetzen und hier auch die motorische Kampffreude stimuliert werden kann. Dies wäre auch ein Weg zu einem expansiveren Erkundungssystem, welches, wie auch verstärkte Rivalität, vom Vater geprägt wird.

Früher Neid in der Geschwisterrivalität

Beispiel Ein 50-jähriger Patient berichtet von seiner Konstellation als Sandwichkind zwischen dem anderthalb Jahre älteren und dem anderthalb Jahre jüngeren Bruder. Die Beziehung zur Mutter sei immer blass geblieben, mit dem älteren Bruder habe er sich jedoch mörderische Kämpfe auch um die Gunst des Vaters geliefert. Dieser Krieg sei jetzt wieder entfacht, als der Vater ungerechterweise den Älteren mit einer Immobilie bedacht hat. Für ihn sei die Beziehung zu beiden jetzt endgültig beendet. Mit seinem älteren Bruder habe er jedoch in der Entwicklung auch eine nach außen hin beeindruckende Härte und Stärke entwickelt. Letztlich sei er jedoch eingeknickt, als er zweimal bei scheiternden Beziehungen dessen Hilfe gesucht und nicht gefunden habe. Sein älterer Bruder sei erfolgreicher Firmenchef. Der Jüngere, das „Muttersöhnchen", wurde von ihnen Strampelhose genannt. Dieser Spitzname begleitete ihn auch in die Schule, wo er für die Loser-Laufbahn prädestiniert war. Er sei aber der Einzige, der in der Familie glücklich sei. Der Patient berichtet, dass seine Frau ihn nach zehn Jahren Ehe verlassen habe (die daran anschließenden Versuche, Beziehungen einzugehen, seien gescheitert). Er sei offenbar mit seiner Art zynischen Humors nicht gut angekommen und sein Spitzname sei JR – nach der TV-Serie Dallas –, weil er so eine verächtliche Lache habe. Jetzt, mit 50, habe er beschlossen, Single zu bleiben, da es eh keinen Erfolg in einer Beziehung für ihn geben werde.

Der böse Blick der Mutter

Narzisstische Mütter zeigen häufig ein typisches Verhalten gegenüber dem Kind: Das Kind wird idealisiert, wenn es die Erwartungen der Mutter vollkommen erfüllt, die Wünsche der Mutter errät und in entsprechender Weise reagiert. Diese „überspiegelnde", idealisierende Wahrnehmung wird gestört, wenn das Kind eigenwillig ist, eine eigene Sichtweise hat, also mit eigenen Augen auf die Dinge schaut. Hier kann das Kind unvermittelt der „tödliche Blick", das hasserfüllte Auge der Mutter treffen, die zwischen Strahlen und Verächtlichkeit nicht modulieren kann und hier unlösbare Aufgaben aufgibt, diesem Blick zu entgehen oder ihn wieder in Freundlichkeit umzuwandeln.

Beispiel Eine sehr verletzliche, depressive Mutter wurde von ihrer Tochter immer sensibel getröstet und aufgemuntert. Als die Tochter nun zum „Papakind" wurde und sich der Bruder jetzt im Glanz der Mutter sonnen konnte, wurde die Tochter von der Mutter mit Verachtung gestraft und mit dem scheelen Blick des Neides begleitet, wann immer sie sich in ihrer einfühlsamen Weise um den Vater kümmerte. Die Tochter geriet in Selbstwertkrisen und schilderte immer wieder ihre große Empfindlichkeit für „kalte Augen" und sofort überfiel sie die Angst, dass sie diese nicht zuordnen konnte. Für sie hatten diese auch zornigen Blicke immer die Qualität der Ausstoßung.

Der böse Blick des Vaters

Beispiel Ein extrem leistungsbezogener Vater konnte bei sich keinerlei Fehler tolerieren und strafte ein Versagen auch bei seiner Tochter mit hasserfüllten Blicken ab. Sie war sein Vorzeigemädchen, besonders erfolgreich in Sportarten, in denen er gescheitert war. Sie erlebte ein vernichtendes Fallen-gelassen-sein und war sehr auf die Blicke anderer fixiert. Ihre Unsicherheit zeigte sich auch daran, dass sie sehr rasch den Blick senkte, was wiederum als Unterwerfungsgeste die Macht des anderen steigert. In der Pubertät bekamen die Blicke des Vaters zusätzlich anzüglichen und intimitätsverletzenden Charakter.

Für den Therapeuten ist es hier sehr wichtig, das innere Auge auch symbolisch wertschätzend und milde zu etablieren. Auch gilt es, die Selbstzweifel zu reflektieren, wie Blicke als Schutz negativ interpretiert und als Entwertung auf sich bezogen werden. Das alles sind Zeichen verstärkter Scham, wobei der Neid als aggressiver Affekt nach außen diese Scham auch schützen soll.

8.8 Wie scheitert die Spiegelung?

Die vernachlässigte Spiegelung durch die Mutter

Kohut (1979) beschreibt die normale Funktion der Idealisierung der Eltern für die Entwicklung des eigenen Selbstbewusstseins, welches sich durch Spiegelung entwickelt. Die Basis sind positive Achtung, Anerkennung und Erfüllung der Bedürfnisse des Kindes durch die Eltern.

Die Entwicklung eines gesunden Selbstwertgefühls kann in vielfältiger Weise gestört werden. So zeigen Untersuchungen zu Kindheitsbelastungen, dass die Überspiegelung durch die Großeltern, das Aufwachsen bei den Großeltern als Hauptbezugspersonen, ein Risikofaktor ist. Dies kann beispielsweise dann der Fall sein, wenn die Eltern jung und möglicherweise noch in der Berufsausbildung sind und noch nicht ausreichend Kraft, Reife und Zeit für das Kind haben. Die Großeltern können das Kind bedingungslos idealisiert lieben, sodass das Selbstwertgefühl für die späteren Kränkungen und Auseinandersetzungen, durch die sich das kindliche Selbst konstituiert und Grenzen bildet, geschwächt wird.

Beispiel Hans wird während des Studiums seiner Eltern geboren. Beide sind gerade 20 und mit der Erziehung überfordert. Sie geben das Kind bei den Großeltern mütterlicherseits ab, für die Hans nach drei eigenen Töchtern der ersehnte Enkelsohn ist.

Hans' Schwester Anna wird geboren, als er vier Jahre alt ist und die Eltern ihr Staatsexamen haben. Sie holen Hans wieder in die Familie zurück. In der Therapie lässt sich ein doppeltes Selbstschema konstruieren: das bedingungslos geliebte, idealisierte Selbst der Großeltern und das hinter der neugeborenen Schwester zurückstehende, sich den Anpassungsprozeduren und Kränkungen ausgesetzte Selbst des Vier- bis Fünfjährigen. Hans fühlte sich rückblickend klein gemacht. Es kam zu verlängerten Trotzphasen mit dem Vater und zu ausgeprägten Machtkämpfen mit Idealisierung und Unterwerfung. Hans' Leben war charakterisiert durch narzisstische Krisen sowohl im beruflichen Bereich als auch bei der Gründung der eigenen Familie. Letztlich hat ihn seine Frau mit den beiden Töchtern wegen seiner Großspurigkeit, seiner Besserwisserei und seinen grenzüberschreitenden Annäherungen an die Töchter verlassen.

8.9 Wie hängen Scham und verletzlicher Selbstwert beim Kind zusammen?

Es dauert bis zum vierten Lebensjahr, bis sich das Kind, das sich nun selbst als Ganzes erfährt, abgegrenzt hat. Jetzt kann es sich im Spiegel auch perspektivisch selbst wahrnehmen und beginnt sich zu reflektieren (Kernberg 2006). Das bedeutet auch, dass das Kind Unterschiede wahrnimmt, es sich von den Wünschen der Eltern abgrenzt und sie gelegentlich enttäuscht, und dass mehr Konflikte auftreten. Das Schamgefühl reguliert nun als selbstbewertende Emotion, die Passung: Werde ich in meiner Familie wertgeschätzt, anerkannt oder fallengelassen. Das Kind schämt sich mit der Fremdscham, wenn die Eltern den vorgegebenen Normen, wie man zu sein hat, selbst in keiner Weise entsprechen. „Außen hui und innen pfui" als Familienrealität ist eine Diskrepanz, die Fremdscham auslösen kann. Rigorose Familienregeln wie „Wer nicht unsere Normen einhält, unserer Meinung ist, unsere Gefühle teilt, gehört nicht mehr zu uns" sind ein weiterer Hintergrund für die Schamsensibilisierung. Die narzisstische Regulation wird definiert durch die Passung zwischen Real- und Idealselbst. Diese Diskrepanz kann Schamgefühle auslösen, da Schamgefühle auch die Funktion haben, diese Diskrepanz zu lindern. Dies kann schwierig werden, wenn im Realselbst viele nicht akzeptierte Anteile des verletzlichen Selbst, des entwerteten Kindheitsselbst enthalten sind. Alles bisher Beschriebene, die Entwertungen, die unterdrückten Emotionen, die Identifikation mit den Projektionen der Eltern, schafft in der folgenden Entwicklung, besonders dann auch in der Pubertät, ein extremes Spannungsfeld. Wir können also zusammenfassen, dass das Schamgefühl für die Integration von Kleinheits- und Größenselbst von enormer Bedeutung ist. Es zwingt dazu, einerseits die Diskrepanz zu verringern, insbesondere die überhöhten Idealvorstellungen realistisch zu machen, und andererseits auch authentischer und den eigenen verletzlichen Seiten gegenüber toleranter zu werden.

> **Ambiguitätstoleranz** Ambiguitätstoleranz stellt die Fähigkeit dar, widersprüchliche negative und positive Selbstanteile integrieren zu können.

Dieser damit immerwährende „Trauerprozess", von seinen Idealen Abstand zu nehmen, zum Beispiel im Sport Niederlagen hinzunehmen, in der Schule einen realistischeren Bezug zur eigenen Leistungsfähigkeit zu gewinnen, zu lernen, mit seinen Stärken und Schwächen zu leben, ist der Entwicklungsprozess der Ambiguitätstoleranz. Wenn diese Verbindung zwischen Kleinheitsselbst und Idealselbst nicht gelingt, liegt eine Spaltung zwischen absoluter Kleinheit oder Nichtigkeit und dem idealen Selbst vor – das sind Gegensätze, die nicht integrierbar sind. Hier beginnt die narzisstische Problematik, die einhergeht mit der Ambiguitätsintoleranz, also dem Nicht-akzeptieren-Können von Mittelmäßigkeit.

8.10 Wie gefährlich ist die Pubertät als „narzisstisches Bermudadreieck"?

Die Pubertät ist ein tiefgreifender Einschnitt in die Entwicklung des stabilen Selbstgefühls. Durch die hormonelle Umstellung kommt es zur Stimmungslabilisierung, zur Verstärkung von Unsicherheit und Ängsten, insbesondere Schamgefühlen. Diese Schamgefühle sollen auch die Intimität als verletzlichen Ort schützen, die Grenzen stabilisieren, die Distanz in der Familie vergrößern und damit das Signal zum Aufbruch in die Selbständigkeit anklingen lassen.

Die Sexualhormone lassen den Blick nach außen wenden, die Scham mit der Verletzlichkeit setzt dem stürmischen Begehren Grenzen, sodass es ein Hin- und Herpendeln zwischen dem Kind in der Familie und dem ausbruchsbereiten Jugendlichen gibt. Dieses Dazwischen stellt nun die besondere Herausforderung für die Flexibilität und Konsistenz im Selbstgefühl dar. Vor allem Jungen können die Bodenhaftung verlieren und zeitweise ein pathologisch narzisstisches Bild mit Realitätsverlust bieten, in dem sie zum Beispiel die Leistungsanforderungen in der Schule total leugnen, um nicht den Kränkungen mittelmäßiger oder schlechter Leistungen ausgesetzt zu sein.

Beispiel Der 14-jährige Junge zeigte in der Art, wie er die Grenzen überschritt, ein rigides grandioses Selbst, sein Kleinheitsselbst war sehr fragil. Er missachtete die gutbürgerlichen Regeln seiner Familie, schloss sich einer Clique von Rowdys an, blieb nachts weg und provozierte einen „Krieg" mit seinem Vater. In der Schule war er in der Clique Wortführer. Besonders cool war, die Leistung nicht nur zu verweigern, sondern in allen Fächern eine Sechs zu erreichen. Das negative Größenselbst verhalf ihm zur absoluten Kälte und Angstfreiheit. Er verscherzte es sich mit wohlmeinenden Lehrern und erlag er seinen negativen Größenideen: Er musste eine Gymnasialklasse wiederholen, scheiterte und schlug in der Lehrlingsausbildung hart auf.

Diese ca. zwei Jahre pubertären Übergangs sind für viele Jugendliche eine „Wetterecke", in der sie mit ihrer Grandiosität leicht scheitern können.

Die oft sehr realitätsfernen Größenfantasien um Schönheit, Risikoverhalten mit grenzüberschreitenden Mutproben, Verachtung für alles Spießige und die „Stinos" (die Stinknormalen) machen Randgruppen faszinierend. Schwarze Szene, Gothics, besondere individuelle Tatoos geben auch den Mädchen Gestaltungsspielraum für den Ausdruck der Einzigartigkeit. Diese Ideale der Unverwechselbarkeit und Bewunderungssuche sind angesichts der hohen gesellschaftlichen Ideale an Schönheit und Leistung äußerst fragil. So werden die Wünsche nach Grandiosität häufig in Computerspielen (z. B. einem Avatar) umgesetzt, wie überhaupt das Internet heute einen unendlichen Rahmen für Selbstdarstellungen bietet, aber auch die Möglichkeit, aus der Nische der Verzweiflung des Außenseiters herauszukommen. Die narzisstische Vulnerabilität kann herausgefordert werden, wenn ein eigentlich als grandios geplanter Auftritt darin endet, dass der Betreffende sich lächerlich macht und Spott erntet. Zurückweisung, Schulmobbing und Hänseleien, definieren das Bermudadreieck auch als Ort heftigster Stürme und untergehender Boote. Die Stimmung kann von Verliebtheit in Weltschmerz kippen, „Werthers Leiden" sind in dieser Zeit normativ und die Suizidgefahr nie zu unterschätzen.

8.11 Heizt die Peergroup das narzisstische Erleben des Adoleszenten auf?

Die extremen Herausforderungen für die Selbststabilisierung in der Pubertät machen diese Lebensphase ebenso bedeutend wie die frühe Kindheit. Auf der einen Seite kommt es zu massiven Störungen und die Krisen können Weichen stellen, die ein Leben lang prägen werden, wie etwa bei Schulverweigerern. Auf der anderen Seite haben die Größenfantasien auch die Funktion des Wegweisers für ein Idealbild. Ein großartiger Forscher, Nobelpreisträger, Musiker, Schauspieler, Arzt (z. B. Albert-Schweitzer-Syndrom), Weltraumfahrer, Fußballer, Millionär usw. zu werden, können Klischees sein, die jedoch immer individuell gefärbt sind. Im Geheimen können derartige Geschichten mit triumphalen Feldzügen und großen Erfolgen bei Männern oder Frauen ausfantasiert werden. Für Therapeuten sind diese Tagträume und Fantasien ein sehr reiches Material, um auch die Kompensation des verletzlichen Teils zu verstehen und mitzufühlen. Die verschiedenen Rollen in Computerspielen oder auch im Weltschmerz bei Liebeskummer machen die Adoleszenz auch zu einem sehr kreativen Ort individuellen Aufbruchs mit einer markanten Individualität.

In der Peergroup aufgenommen zu sein, hier seinen Platz erobert zu haben und etwas zu gelten, hat einen entscheidenden Stellenwert. Mitzumachen verführt oft auch Jugendliche mit einem sehr hochgesteckten und moralisch geprägten familiären Hintergrund, strengen Normen und Idealen dazu, diese zu verletzen.

Beispiel Der musische, dünnhäutige Patient wirkte auf den ersten Blick charmant, umgänglich und liebenswert. Er empfand sich in seiner Peergroup jedoch eher am Rande und hatte große Ängste, ausgestoßen zu werden. Die Folge waren hoch gefährliche Mutproben. So musste er nach einem Komatrinken mit seinen Freunden einige Male komatös in der Klinik aufgenommen werden. Für ihn waren diese Ausbrüche völlig unerklärlich, er konnte keinen Grund angeben. Es sei einfach über ihn gekommen und er habe sich anstecken lassen, so seine Aussage. Vielleicht habe er auch seiner Freundin imponieren wollen. Verwirrt beschreibt er, dass er überhaupt keinen emotionalen Zugang zu seinem Verhalten hat.

Verführt die Peergroup zur Grandiosität?

Mit Erschrecken kann man registrieren, wie Fangruppen bis zur Selbstvernichtung gehen, um in Stadien Aufmerksamkeit durch Gewalt zu erzielen. Die Auflösung der Ich-Grenzen in der Gruppe wurde von Freud als besondere massenpsychologische Verführbarkeit dargestellt. Vor allem Adoleszente sind aufgrund ihrer narzisstischen Verletzlichkeit besonders sensibel gegenüber Ablehnung. Um Ausgrenzungen durch andere Mitglieder der Gruppe zu kompensieren, sind sie dann bereit, sich der Gruppenidentität zu unterwerfen. Je selbstunsicherer und ohnmächtiger sich Jugendliche fühlen, umso größer ist die Gefahr, dass sie sich radikalen Gruppen anschließen. In dieser Gruppe haben sie das Gefühl, unzerstörbar zu sein, reagieren mit einer starren Freund-Feind-Spaltung, ignorieren alle Gefühle von Verletzlichkeit und Kränkung und versuchen, diese anderen zuzufügen. Schwächen und ein realistisches Selbstwertbild werden verleugnet, die rauschhafte Selbsterhöhung macht immun gegen Schmerzen.

Anders verhält es sich beim Einzeltäter. Hier finden wir, wie Untersuchungen von Amokläufern zeigen, häufig die extreme Selbstunsicherheit, Isolation und große Verletzlichkeit gegenüber Ausschließung. Es sind Schüler, die am Rande der Klasse keinen Kontakt finden, verschlossen sind und ganz in ihrer Innenwelt leben.

Ausgrenzung aus der Peergroup als narzisstisches Trauma

Häufiger als der Amoklauf mit Fremdtötungsimpulsen ist die suizidale Reaktion auf eine Ausschließung aus der Gruppe. Gerade die narzisstische

Verschmelzung, die Illusion vollständigen Aufgehobenseins und Wahrgenommenwerdens, ist es, die eine Ausstoßung aus der Gruppe besonders verletzend macht. Auch Mobbingerfahrungen in der Schule erzeugen dann in Kränkungssituationen oft kurzschlussartig Suizidversuche. Manchmal sind es Bagatellen, die bei einem narzisstisch-vulnerablen Jugendlichen von außen nicht nachvollziehbare Kurzschlussreaktionen auslösen.

Diese Brisanz ist in der Adoleszenz nicht zu unterschätzen: Suizide bei 15- bis 24-Jährigen sind eine häufigere Todesursache als Verkehrsunfälle, Aids und Drogen zusammen. Junge Männer bringen sich viermal häufiger als junge Frauen um, bei Letzteren finden sich deutlich mehr Suizidversuche.

Die Stabilisierung des Narzissmus durch die Gruppenidentität

Fans eines Fußballclubs, Anhänger von Stars und Musikidolen sind in der Lage, bei entsprechenden Events einzigartige Gefühle des Rausches in der Masse zu erleben. Typisch ist, die Ausweitung der Grenzen des Selbst mit dem Ziel, ein Verschmelzungsgefühl mit anderen herzustellen: verzückte Schreie, wenn ein Star auftaucht, und Ohnmachtserlebnisse, wenn es gelingt, ein Autogramm zu erhalten oder den ersehnten Star berühren zu können. Die Momente höchster Spiegel von Glückshormonen begleiten die Höhenflüge der Adoleszenz. Erst der Absturz in die alltägliche Nichtigkeit macht dann klar, wie stabil oder instabil die Schwingung zwischen Groß und Klein ist. Es besteht die Gefahr, dass die Glücksgefühle durch Drogen aktiviert werden, um den Schmerz des Gefallenen und Einsamen nicht aushalten zu müssen. In diesem Wechselspiel stellt sich für den Therapeuten die Frage nach der Gefährdung für längerfristige narzisstische Probleme in der Persönlichkeit. Gehen die Betroffenen extreme Wege, um das vulnerable Selbst zu ignorieren, können hier auch kriminelle Karrieren im Rahmen eines destruktiven Narzissmus eingeschlagen werden. Die „Wetterecke" ist daher eine Chance, hier besonders frühzeitig und intensiv Präventionsprogramme einzusetzen, um diese zerstörenden Gefährdungen durch Verweigerungsverhalten, Spielsucht, Internetsucht und Drogen rechtzeitig aufzuhalten.

8.12 Ist eine narzisstische Krise in der Adoleszenz schon eine Störung?

Die verlängerten Reifungsprozesse in der Adoleszenz mit instabiler Identitätsbildung machen es sehr schwer, hier eine Persönlichkeitsstörung zu definieren. Die Identität wird definiert durch die Kontinuität des Selbst über die Zeit. Die

Instabilität des Adoleszenten zeigt sich in Identitätsdiffusionen mit flüchtigen, wechselnden, oberflächlich wirkenden Beziehungen und der Unsicherheit als Spiegel eigener Orientierungssuche. Das labile und fragile Auf und Ab des instabilen Selbstbildes und der Selbstbewertung kann gemessen werden in dem Maß des Unrealistischen, Polarisierten mit positiver oder negativer rigider Bewertung und mit dem Ausmaß der eingeschränkten Selbstreflexion, wie der Betroffene kaum für Bedürfnisse – weder bei sich noch beim anderen – eine Einfühlung erreicht. Ausprägung, Dauer dieser instabilen Verhaltensweisen und Beziehungsabbrüche lassen dann den Verdacht auf eine pathologische Persönlichkeitsentwicklung zu.

Stabilisiert sich die narzisstische Vulnerabilität während der Adoleszenz?

Mit den körperlichen, kognitiven und psychischen Reifungsprozessen gehen typische Entwicklungsaufgaben in der Adoleszenz einher (Resch und Möhler 2006).

Vertraute Stabilisatoren des Selbstgefühls im familiären Kontext werden im Rahmen der Ablösung konflikthaft getestet. Die Metamorphose im Körpererleben fordert neue Anpassungen heraus, die Integration der Sexualität kann mit massiven Beschämungsängsten einhergehen. Das innerfamiliäre Idealbild zählt im Kreis der Freunde nur wenig, die neuen Identifikationen stehen häufig im Kontrast zu Familienidealen.

Das Austesten der Grenzen innerhalb der Familie bezieht sich besonders auf die Stabilität der Vater-Sohn-Beziehung. „Muttersöhnchen" grenzen sich nun massiv gegen ihre weiblichen Seiten ab. Umso mehr suchen sie Akzeptanz beim Vater. Dies geschieht allerdings häufig auf provokative und destruktive Weise, sodass sie den Kontakt zu einem narzisstisch-rivalisierenden Kriegsschauplatz machen können. Unbewusst bleibt jedoch der Wunsch, vom Vater akzeptiert zu werden, auch wenn der „Antiheld" inszeniert wird.

Beispiel: der scheiternde adoleszente Narzisst Andreas konnte als Schüler nie in einer Weise wie sein Bruder die hohen Leistungserwartungen des Vaters erfüllen. Als Liebling der Mutter wurde ihm vieles von ihr in den Schoß gelegt. Als Jugendlicher hatte Andreas einige sportliche Erfolge, scheiterte jedoch an den hochfliegenden Träumen und grandiosen Erwartungen, die er an sich stellte. Schwere Selbstwertkrisen begleiteten dann seinen passiven Protest in der Schule. Als Schulverweigerer brach er die Schule ab. Es gelang ihm dann, sich hochzuarbeiten (materiellen Erfolg zu haben), sodass er sich ein größeres Auto als sein Bruder leisten konnte. Dies wurde jedoch von seinem Vater nicht wahrgenommen. Sehr kompetitiv mit seinen Teamkollegen, suchte er Anerkennung von seinem Chef und war zwar perfektionistisch, überspielte jedoch seine Fehler und versuchte immer wieder, die Blicke des Chefs auf sich zu lenken. Nachdem er hier gescheitert war, machte er sich selbständig und hatte zunächst mit vielen auch windigen Geschäften Erfolg, sodass er endlich in der Anerkennung des Vaters stieg. Als der Vater mit in das Unternehmen einsteigen wollte, musste Andreas Insolvenz anmelden, worauf ihn der Vater als völligen Versager verachtete. In der Therapie auch der mit dem Scheitern im Zusammenhang stehenden Suchterkrankung (Alkoholsucht) wurde deutlich, welche Sehnsucht er hatte, den Stolz des Vaters zu spüren. In der Therapie von Andreas spielte ebenfalls eine Rolle, dass er die Bruderrivalität erkannte, sich besser in Vereinen und schließlich auch in Arbeitsteams integrieren und hier sein rivalisierendes, entwertendes Verhalten kontrollieren und reflektieren lernte.

Der hypervigilante Typ

In der affektiven Labilität können sich Adoleszente selbst ausgrenzen, zurückziehen und depressiv-unerreichbar sein. Je mehr sie das Innenleben, die Fantasie, zum Schauplatz ihrer grandiosen Inszenierung machen und je unerreichbarer sie sind, desto stärker ist auch die Gefahr impulsiver Reaktionen meist gegen sich selbst. Adoleszente können sich selbst entwerten und aufgrund eines Gefühls von Leere nach grandiosen Formen des Beachtetwerdens suchen. Auch hier ist das Verstehen der unerreichbaren Traumwelten über Computerspiele ein Zugang.

> **Hypervigilant** Als hypervigilant wird der dünnhäutige, überempfindliche Narzisst beschrieben, der eine erhöhte Aufmerksamkeit auf subjektiv erlebte Schwächen der Persönlichkeit oder des Körpers richtet und diese sehr negativ bewertet.

Hypervigilante Reaktionen bei Mädchen sind häufig auf das Körperliche, die Attraktivität, gerichtet. Mädchen leiden unter ihrer „Hühnerbrust", suchen eventuell nach plastischen Brustoperationen (in Kalifornien ein beliebtes Geschenk zum Abitur). Sie suchen Anschluss an attraktive Mitschülerinnen, anerkannte Mädchen, die von Jungs begehrt werden, oder reagieren zickig auf hysterische Mitschülerinnen, die sich zur Schau stellen.

Die Ausdehnung narzisstischer Abstimmungsprozesse in der verlängerten Adoleszenz

Entwicklungspsychologen sprechen heute von *emerging adulthood* (Skaletz und Seiffge-Krenke 2010), eine Phase der Identitätssuche, die bis zum 30. Lebensjahr andauert. Phasen wie Ausbildungsabschluss, finanzielle Unabhängigkeit, Auszug aus dem Elternhaus, feste Partnerschaft und Familiengründung werden aufgeschoben. Gesellschaftliche Faktoren verstärken die narzisstischen Muster der Identitätsfindung. Diese schon dargestellten medialen Einflüsse der Spiegelung öffentlicher Aufmerksamkeit, einmal von der Fernsehkamera eingefangen zu werden, formulierte Altmeyer (2004) als *videor ergo sum* („Ich werde gesehen, also bin ich"), das an die Stelle von *cogito ergo sum* („Ich denke, also bin ich") der Aufklärung getreten sei. Diese öffentliche Spiegelung, die heute das Internet, Facebook usw. zur Verfügung stellen, muss nicht unbedingt als narzisstisch-pathologisches Phänomen bewertet werden, sondern das Selbstwertgefühl braucht längere Zeiträume, um sich selbst zu definieren. Es gibt neue narzisstische Kränkungsphänomene. Auf der einen Seite kann die Zugehörigkeit zu einer virtuellen Gemeinschaft stabilisieren, auf der anderen Seite können Schmähungen und Kränkungen der ganzen Welt verkündet werden. Die Spielräume medialer Ächtung sind grenzenlos, im Einzelfall bedeuten sie für den Verletzlichen aber den sozialen oder gar den physischen Tod durch Suizid.

8.13 Wie entsteht ein verletzliches Selbst?

Traumatisierung des Selbstgefühls

Es gibt eine Fülle von Erkenntnissen aus dem Bereich der frühkindlichen Belastungen durch Vernachlässigungen, Entwertung und Gewalt, die hier nur angerissen werden können, wie die Vernachlässigung durch geringe Förderung durch die Eltern, die unbewusste oder bewusste Ablehnung des Kindes, die Unfähigkeit der Eltern, resonant auf das Kind zu reagieren, wie es bei unreifen oder selbst traumatisierten Eltern häufig vorkommt. Diese Erfahrungen spiegeln sich auch in Beschreibungen der Eltern von Patienten wider (Tab. 8.2). Eltern, die ihr Kind nicht beruhigen können, die den Hautkontakt ablehnen, sich vor den Ausscheidungen des Kindes ekeln und das Bindungsbedürfnis des Kindes als aufdringlich und vereinnahmend erleben und zurückweisen müssen, sind typische Beispiele. Das sind schwierige Bedingungen für die Entwicklung eines stabilen Selbstgefühls. Das Kind wird in seinen Bedürfnissen nicht gelesen, sondern als fordernd oder schikanös interpretiert. Die Vorstellung, dass ein Kind mit Trotz den anderen nur hilflos machen und Macht ausüben will, ist ein Beispiel für eine solche Fehlinterpretation. Besonders schwierig ist es, wenn das Kind extremen Wechselbädern zwischen Vernachlässigung, Ignoranz und Vergötterung, Bewunderung und Verwöhnung ausgesetzt wird. Solche emotional instabilen Eltern, die selbst in der

Tab. 8.2 Selbstauskunftsaussagen von Patienten

Vater	körperlich gewalttätig gegen mich
	kritisierte mich
	versuchte, in mir Schuldgefühle hervorzurufen
	rief ein Gefühl der Bedrohung hervor
Mutter	rief ein Gefühl der Bedrohung hervor
	erzeugte ein Gefühl der Unsicherheit/Schutzlosigkeit
	wies mich zurück
	wollte nichts mehr von mir wissen

Regel negative Kindheitserlebnisse haben, finden sich in etwa 10 % der Eltern.

Diese Inkonsistenz und die Wechselbäder im widersprüchlichen Erziehungsstil, die den Selbstwert schwächen (siehe folgende Aufzählung), provozieren beim Kind Aggressionen, die dann häufig eine negative aber eindeutige und nicht mehr zwiespältige Antwort hervorrufen. Insofern ist verständlich, dass die Aggressionen beim Kind eskalieren und hier frühe Formen narzisstischer Wut feststellbar sein können. Es gibt aber sicherlich auch andere Kinder, die aufgrund genetischer Faktoren zu verstärkten Wutreaktionen neigen und sich schlecht beruhigen lassen. Diese Aggressivität, dieses Auftreten verstärkten Ärgers und Zorns schafft schwierige Entwicklungsprozesse für das Kind und anstrengende Erziehungsbedingungen für die Eltern. Ein hohes Stressniveau, welches Inkonsistenz und Spannungen schafft, kann eine Bedingung für verstärkte Aggressivität sein, die eine Spaltung zwischen verletzlichem und grandiosem Selbst bewirkt.

Selbstwertschwächende Erziehungsstile:

- überschwängliches Lob bei Leistungen und Fallenlassen bei Versagen,
- Bestätigung derselben Meinung, Ignoranz einer abweichenden Meinung,
- schlechte Konflikttoleranz der Eltern, mangelhaftes Austragen von Konflikten,
- Ausgrenzung des Andersartigen,
- Familienstil: Fremdenangst und Fremdenfeindlichkeit,
- mangelnder Selbstwert in Familien, Leitaffekte: Neid, Entwertung,
- hohe Bewertung von Leistung, Macht, materiellen Dingen, Status,
- hohe Erwartung des ständigen Leistenmüssens.

Leistung statt Liebe

Eine andere Bewältigungsform, die parallel zu den emotionalen Wechselbädern läuft, ist die Leistungsebene. „Leistung statt Liebe" ist eine sehr vereinfachte Formel. Der Hintergrund ist, dass keineswegs die Liebe fehlt, sondern dass die Gefühlsprozesse hochambivalent ausgetragen werden, sodass die Leistung ein Bereich sein kann, in dem sich das Kind durch die Selbstwirksamkeit die Anerkennung der Eltern sichern kann. Das im Beziehungsbereich entwickelte, fragile und idealisierte Größenselbst kann dann als Antreiber in die Leistung eingebracht werden. Wenn nicht ein höheres Leistungspotenzial, zum Beispiel hohe Intelligenz, vorliegt, kann der Weg gebahnt sein zu einem sehr brüchigen, ehrgeizigen Leistungsweg, gekoppelt mit der Entwicklung grandioser Fantasien. Diese Schutzmechanismen können dann auch dazu führen, dass Niederlagen zum Beispiel durch Abschreiben in der Schule, Betrügen, Lügen vermieden werden.

Beispiel: die vernachlässigte Spiegelung durch die Mutter Die Patientin rekonstruiert ihre frühe Entwicklung so, dass ihre Mutter selbst in sehr schwierigen Verhältnissen aufwuchs, mit einem schlagenden Vater und einer Mutter, die sie nicht schützen konnte, die sich gleichzeitig dem Ehemann unterwarf und die Tochter teils zur Vertrauten der eigenen Ohnmachtssituation machte und diese dann wieder als Aggressionsobjekt dem Vater auslieferte. Die Mutter der Patientin wollte nun der Patientin alles geben, was sie selbst nicht erhalten hatte, und idealisierte sie. Als diese gleichzeitig vom Vater vergöttert wurde, verstieß die Mutter sie innerlich und es stellten sich extreme Wechselbäder zwischen Idealisierung und Fallenlassen ein. Die Patientin blieb extrem abhängig von der Mutter, versuchte diese immer zu stabilisieren und sie in ihren Ängsten und narzisstischen Krisen mit Fürsorge zu umgeben. Die Patientin blieb dadurch identifiziert mit dem hoch vulnerablen Selbstwert der Mutter.

8.14 Was versteht man unter narzisstischem Missbrauch des Kindes?

Das Kind wird zu einem sogenannten Selbstobjekt gemacht, also für die Stabilisierung eines bedrohten Selbst eines Elternteils benötigt.

Das Kind trägt zum Beispiel zur Aufmunterung seiner depressiven Mutter bei, lenkt sie ab, stimmt sie fröhlich, nimmt ihr die Angst, indem es immer in ihrer Nähe bleibt. Es kann sich mit den Schuldgefühlen des depressiven Elternteils identifizieren, sehr früh skrupulös werden und sich selbst für sein kindlich-expansives, wildes Verhalten entschuldigen und dieses kontrollieren. Es entwickelt feine Antennen für die Stimmung der Mutter, um diese auszugleichen. Es tröstet sie, es wird zum „begabten Kind", indem es hochsensibel die Emotionsbalance erhält.

Diese frühkindliche Kompetenz wird auch unter den Konzepten des „falschen Selbst" (Winnicott 1974) beschrieben. Das Kind unterdrückt eigene Gefühle, etwa überfordert und ohnmächtig zu sein, um nicht in Ohnmachtswut zu fallen. Es kehrt diese Gefühle sogar um und heitert das Elternteil auf. Es beschuldigt sich für authentische Gefühle, wird brav und pflegeleicht, schämt sich für sich selbst, für das „wahre Selbst". Das Kind wendet die Aggression gegen sich, übernimmt das Idealbild und das projizierte Wunschbild der Eltern, wie es als Kind zu sein hat. Dies führt zu einem vulnerablen Selbstwert.

Beispiel Der narzisstische Vater, perfektionistisch und sehr leistungsbezogen, sieht immer noch als Kränkung, dass er in seiner Jugend im Leistungssport nicht zur Spitzengruppe gehörte und dann „das Unternehmen Olympiasieg" abbrechen musste. Er fuhr schon sehr früh mit seiner Tochter Ski, sie kam in den Jugendkader für den Abfahrtslauf, er fuhr sie zu Rennen, bewunderte sie beim Sieg und ignorierte sie bei einer Niederlage. Er konnte sie im Schmerz nicht trösten, sondern nur kommentieren: „Das war wohl nichts." Sie wurde Jugendmeisterin, riss sich bei einem Sturz die Kreuzbänder und konnte nicht mehr an die Leistung anknüpfen. Nachdem der Vater sie fallen gelassen hatte, reagierte sie suizidal.

Diese Konstellationen von Eislaufprinzessinnen, Tennisstars oder auch die Tragik von Vizeweltmeistern, die wegen ihre Niederlagen suizidal sind, begegnen uns häufig in der Presse. Die treibende Kraft und der besondere Ehrgeiz im Erfolgsstreben liegen häufig darin, dass die Erfüllung des projizierten Ideals von einem begabten Kind aufgenommen wird und in Verschmelzung mit dem Ideal des Elternteils über Jahre eine besondere Resonanz in der Bewunderung erreicht wird, während Versagen und Schwächen abgespalten als ohnmächtiges Selbst unterdrückt bleiben. Tritt dann ein Versagen auf, kann es beim Kind zur narzisstischen Katastrophe mit extremen Beschämungen kommen, da es vom Elternteil fallen gelassen und mit Verachtung und Ignoranz abstraft wurde. Die glorreiche Beziehung fällt dann wie ein Kartenhaus zusammen.

Beispiel: narzisstischer Vater Die 20-jährige Patientin zeigt mir Bilder, wie sie als 12-Jährige wie die „Prinzessin ihres Vaters" aussah: die blondgelockten Haare, der strahlende Blick, in die Ferne gerichtet, aber auch seltsam starr wirkend. Sie war die Lieblingstochter ihres Vaters, der sie als Manager gelegentlich auch mit auf Kongresse oder Geschäftsreisen nahm, während sich ihre Mutter um die drei jüngeren Geschwister kümmerte. Sie schlief dabei im Hotelbett neben dem Vater, er finanzierte ihre Shoppingtouren und kleidete sie in teure Klamotten. Als sie in die Pubertät kam, entgleiste ihr Essverhalten, sie fraß sich Pubertätsspeck an und wurde dick. Der Vater verachtete sie wegen ihrer

Willensschwäche. Fortan durfte sie nicht mehr an seiner Seite auftauchen. Sie fiel aus dem Glanz des Vaters und hatte dann eine sehr schwere Entwicklung. Sie schloss ihr Abitur zwar noch ausgezeichnet ab und begann ihr Studium, dennoch hatte sie keinen Zugang mehr zu sich selbst. Sie wusste nicht, wer sie war und was sie wollte, hasste ihren Körper, schämte sich für ihre Existenz und war chronisch suizidal. In der Folgezeit steigerte sich die Verachtung des Vaters, sie möge bitte sein Haus nicht mehr betreten. Sie verätzte sich mit Säure die Augen und kam dadurch in Behandlung. In der langen Behandlung berichtete die Mutter, dass sie die Tochter nach einer Wochenbettdepression nicht habe annehmen können und sie quasi an den Vater abgegeben habe. Außerdem sei anderthalb Jahre nach der Geburt der Patientin der Bruder zur Welt gekommen, um den sie sich habe sorgen müssen. Sie habe nie Zugang zu ihrer Tochter gefunden.

Der Vater kam gekränkt zum Gespräch in die Klinik. Er war bereit, jeden Preis für die Behandlung der Tochter zu bezahlen, wollte sie aber nicht mehr sehen. Es sei in seiner Familie üblich, dass Schwächen nicht toleriert würden. Als seine Mutter ins Altenheim kam, habe er diese auch nicht mehr besucht. Das könne man krankhaft nennen, es sei jedoch seine Art und er wolle dabei bleiben. Die „Seelenblindheit" des Vaters hatte ihre eigene Geschichte, die er jedoch nicht preisgeben wollte. Bei der Patientin ging es in der langen Therapie um die Entdeckung ihrer Gefühlswelt, ihres wahren Selbst und die Wahrnehmung ihrer Trauer und Wut, ihrer Sehnsüchte, ihres Beziehungshungers und ihrer Angst vor jeder Beziehung. Lange Zeit verletzte sie auch andere Körperteile, bis sie sich dann nach drei Jahren Therapie halten konnte.

Dies als Beispiel für eine narzisstische Vaterbindung bei unsicherer Bindung zur Mutter (Bindungstrauma).

Beispiel: klassischer narzisstischer Missbrauch Die Patientin schildert sich als Lieblingskind des Vaters, während der zwei Jahre jüngere Bruder das Muttersöhnchen war. Der Vater überschüttete sie mit Liebe und Anerkennung. Sie schilderte ihn bis zur Pubertät als einzigartigen Vater, mit dem sie in voller Resonanz war: Sie ließ sich vom Vater die Kleidung kaufen, teilte seine sportlichen Interessen, ließ sich von ihm zum Leistungssport motivieren und er finanzierte ein teures Sportinternat für sie, wo sie sehr erfolgreich war. Sie fuhr mit ihm zu Formel-1-Rennen, schlief in den Hotels immer im Ehebett mit ihm. Als sie mit 16 Jahren zu einem Auslandsjahr zu einem berühmten Trainer in die USA ging, veränderte sich ihre Welt. Sie verliebte sich in den Trainer. Dieser starb bei einem Unfall und in der Trauer fraß sie sich Kummerspeck an. Nach einem Jahr kehrte sie zurück und hatte ihren Leistungssport aufgegeben. Der Vater beschimpfte sie als „fette Sau", sie solle ihm nicht mehr unter die Augen treten. Sie entwickelte dann eine Bulimie mit Selbstverletzungen. Sie schwankte zwischen weiterer Abhängigkeit vom Vater und den ständigen entwertenden Eskalationen, da er gleichzeitig ihre Bindungsperson war, ohne die sie sich nicht lebensfähig sah.

Beispiel: das gespaltene Elternpaar Eine weitere selbstwertschwächende Konstellation kann die Unmöglichkeit zur Identifikation mit einer Elternfigur sein. Die Patientin schildert ihre gesamte Kindheit durchzogen von Trennungskriegen der Eltern. Immer war sie Vertraute der Mutter, die ihr ihr gesamtes Elend beichtete und sie mit dem Bild vom Vater, der sie ständig entwertete, vertraut machte. Dann wieder konkurrierte sie mit der Tochter, wenn der Vater seine Tochter in Besitz zu nehmen versuchte und auf seine Seite zog. Der Vater vertraute ihr seine Frustrationen in der Ehe an und wie sehr er sich allein und verstoßen fühlte. Die Patientin wiederum hatte ständig den inneren Auftrag, die Eltern zusammenzuhalten, da jeweils beide Eltern ihr gegenüber äußerten, dass sie nicht alleine leben könnten. Auch hier entwickelte sich der Selbstwert sehr krisenanfällig mit Depressionen und Verlustängsten.

Nicht gemeckert ist genug gelobt?

Dieses schwäbische geflügelte Wort beschreibt eine sehr typische Situation von emotionaler Vernachlässigung, die Nichtanerkennung des Denkens, Fühlens und Handelns des anderen. Diese Erziehungspersonen fördern die Leistung, ohne die Gefühle und die Entwicklung der Persönlichkeit des Kindes einzubeziehen. Eine solche Maxime wird auch als typisches Beispiel für die schwarze deutsche Pädagogik gesehen, die vor dem Hintergrund zahlreicher narzisstischer Krisen des deutschen Volkes in der Folge der Weltkriege und der Geschichte der letzten 100 Jahre als besonders charakterisiert wird: nämlich die unbedingte Vermeidung weiterer Verletzungen, der Schutz der nächsten Generation vor Kränkungen, indem Härte und bedingungslose Gefühlsabspaltung gefordert werden. Diese Haltung taucht auch in den meisten der hier genannten Beispiele auf.

Als gewichtigen Prozess bei der Entwicklung des Selbst kann die Toleranz gegenüber Andersartigen angesehen werden. Die Fähigkeit, die Andersartigkeit des Kindes wahrzunehmen, bedeutet, auch mit enttäuschenden Seiten fertig zu werden und diese zu betrauern. Die Klärung der negativen Verhaltensweisen des Kindes und die Aufrechterhaltung des guten Kontakts zu seinem Kern sind wichtige Schritte der Akzeptanz. Die Ausgrenzung des Ungeliebten und Ungewünschten stimuliert Schamgefühle. Das Kind grenzt dann beschämt sich selbst als Ganzes aus, dadurch wird es zum Fremdkörper und verliert seinen gesunden Narzissmus. Es ist die Quelle des negativen Narzissmus: „Wenn ich schon nicht mehr das ideale Kind bin, dann will ich der grandiose Versager, der Scheiternde sein" – ein häufiges Thema der Adoleszenz.

8.15 Wie entsteht die Spaltung zwischen verletzlichem und grandiosem Selbst als zentrale narzisstische Problematik?

Aus dem bisher Dargestellten ergeben sich verschiedene Hypothesen über den nicht gelingenden Prozess der Integrationsarbeit zwischen verletzlichen Teilen des Selbst, die häufig aus den ersten drei Lebensjahren stammen und unbewusst niedergelegt sind oder auch danach im Rahmen von Ausgrenzungsprozessen entstanden sind, mit dem Idealselbst.

- Die Wechselbäder zwischen Bewunderung und Ignoranz der zentralen Beziehungsperson schaffen eine innere unlösbare Spannung, die durch Dissoziation, das heißt Spaltung, bewältigt wird.
- Harte Familiennormen, die Abweichungen nicht tolerieren, sondern sanktionieren, grenzen das Kind, das seine eigenständige Entwicklung hat, aus. Es wird fallen gelassen. Es entsteht das Schamdilemma: Entweder das Kind passt sich den Idealen wieder an und wird geachtet oder es wird geächtet.
- Eine ähnliche Dynamik kann auch durch einen narzisstischen Elternteil angestoßen werden. Das Kind hat die Wahl, den idealisierten Projektionen zu entsprechen und gleich zu sein, oder ihnen nicht zu entsprechen und ausgegrenzt zu werden. Dies ist ein Anpassungsdilemma, für das es keinen Mittelweg gibt.
- Als Schutz vor der bodenlosen Scham, die das authentische Selbst gefährdet, tritt Aggression auf – eine extreme narzisstische Wut, die das Selbst als Lösungsweg in Gut und Böse spaltet (Kernberg 2006).
- Das Entwertungstrauma – die Verachtung im Blick des Elternteils in sich aufgenommen zu haben – bedeutet, alle fehlerhaften, nicht perfekten Seiten auszugrenzen, sodass die Möglichkeit, ausschließlich den Idealen zu entsprechen, der einzige Weg zur Selbstrettung ist.
- Die frühe Traumatisierung durch Vernachlässigung macht das verletzte Selbst ebenfalls nicht integrierbar und ist Grundlage für Spaltungen. So wird das verletzte, sensible Selbst zum Fremdkörper. Mit Empathielosigkeit, Kälte, mit fehlendem Mitgefühl, Verleugnung wird es geschützt (hierauf werden wir im Weiteren noch eingehen).
- Persönlichkeiten mit angeborener Zwanghaftigkeit, Überkontrolliertheit, die auch zu Schwarz-weiß-Denken neigen, haben aufgrund dieser Disposition eine Schwierigkeit, Kontraste wie Gut und Böse, Klein und Groß zu integrieren. Dies könnte der Hintergrund dafür sein, dass viele narzisstische Menschen auch zwanghafte Perfektionisten sind.

Das gesunde Oszillieren zwischen Verletzlichkeiten, Fehlern und den Idealen bedeutet einen Entwicklungsprozess mit dem Ziel einer Annäherung beider Pole. Es gilt, einen erträglichen Zustand zwischen Real- und Idealselbst herzustellen. Dies gelingt bei einem narzisstischen Trauma nicht, sondern die Distanz zwischen beiden Polen bleibt bestehen. Dies ist eine schwierige Entwicklungshypothek, dennoch auch Ausgangspunkt für vielfältige, auch kreative Lösungen.

8.16 Wie gestaltet sich das Wechselspiel zwischen Machtmotiven und Beziehungsregulation?

In der Selbstregulation spielt neben dem Beziehungsmotiv das Machtmotiv eine wichtige Rolle. Das Leistungs- und Erfolgsstreben charakterisiert die Handlungsorientierung besonders auch des Narzissten.

> **Agentische Eigenschaft** Unter der agentischen Eigenschaft versteht man eine besondere Leistungsorientierung, die beim Narzissten mit überhöhtem Selbstvertrauen und Extravertiertheit einhergeht, welche eingesetzt werden, um andere zu instrumentalisieren.

Menschen mit stabilem Selbstwert sind auch anerkennungsorientiert. Sie suchen bei der Verfolgung ihrer Ziele durchaus auch die Bestätigung nicht nur von innen, sondern auch von außen. Der narzisstisch akzentuierte Mensch muss kompensatorisch darüber hinaus den Selbstwert überhöht steigern. Geschichtlich gesehen wurde diese Handlungsorientierung, die agentischen Eigenschaften, vor allem Männern zugeschrieben, während demgegenüber die beziehungsorientierten Eigenschaften (*communion*) als typisch weiblich interpretiert wurden. Inzwischen ist der Trend zu einer zunehmenden Angleichung zwischen den Geschlechtern bestätigt worden (Campbell et al. 2006). Campbell et al. (2006) sehen den Narzissmus in einer ausgeprägten agentischen Orientierung. Hierunter verstehen sie typische interpersonelle Strategien und Fertigkeiten. Der Narzisst tritt mit hohem Selbstvertrauen auf, sieht sich als attraktiv, charmant und extravertiert. Sein Anerkennungsstreben versucht, den anderen für sich zu gewinnen.

Interpersonelle Strategien und der vermeidende Bindungsstil

Hohe Extraversion und Selbstsicherheit werden eingesetzt, um Personen des anderen Geschlechts zu beeindrucken. Persönliche Beziehungen werden schnell angebahnt, intime Beziehungen vermieden. Dies wird auch durch Bindungsuntersuchungen bestätigt, wo der Bindungsstil von narzisstischen Personen als häufig vermeidend-distanzierend beschrieben wurde (Neumann und Bierhoff 2004; Bierhoff und Herner 2009). Narzissten kontrollieren Nähe durch Machtkontrolle, Führungsanspruch und Instrumentalisierung.

Die gewandten, sozialen Fertigkeiten des Narzissten sollen den Selbstwert sichern. Zu den Fertigkeiten zählen die Machterotik und die Suche nach vorzeigbaren Partnern in romantischen Beziehungen („Trophäe"), der Einsatz von Machtsymbolen materieller Art wie gesellschaftliche Auftritte, soziale Kontakte zu Reichen und Schönen wie auch erfolgreichen Geschäftsleuten.

Die narzisstische Verarbeitung beim vermeidenden Bindungsstil schützt so über die Machtkontrolle vor Trennungs- und Verlustgefühlen. Den Partnern wird das Gefühl vermittelt, dass die Narzissten selbst unabhängig sind und der Partner seinerseits aber abhängiger.

Von der Macht zur Allmacht – Leitaffekt Verachtung und Neid

Wenn auch die Details tyrannischer Macht sehr differieren können, so gibt es doch Grundmechanismen der Projektion eigener Schwäche in den anderen, den es zu vernichten gilt. Dies kann ein Konkurrent sein, kann aber bis zur Verachtung eigener Familienmitglieder gehen, die als Versager gesehen werden. Alle, die den Erfolg des Größenwahns nicht mittragen, können fallen gelassen und verachtet werden.

In gleicher Weise kann grenzenloser Ehrgeiz einen „Nobelpreiskomplex" schaffen, bei dem das rigorose Ausschlachten von Mitarbeitern, der Missbrauch von deren Ergebnissen und auch die Fälschung von Forschungsergebnissen Wegbereiter einer grenzenlosen Karriere sein sollen. Hier werden die Größenfantasien umgesetzt in reale Verhaltensweisen – der Sprung von einer vulnerablen Selbstregulation der Größenideen zu einer manifesten Persönlichkeitsstörung.

8.17 Wie können wir den Antagonismus von Macht und Liebe verstehen?

Ein Faktor, der die Ausprägung der narzisstischen Persönlichkeitspathologie mitbestimmt, ist das Ausmaß der Störung auf der Bindungs- und Intimitätsebene, die das Kind in seiner Entwicklung erlebt hat. Von der Art der interpersonellen Beziehungsgestaltung, der Machtkontrolle über den anderen, definiert sich die Sicherstellung einer Bindung über Macht. Da diese auf tönernen Füßen, nämlich der mangelnden Fähigkeit zur Intimität, ruht, kann dies dazu führen, Grenzen der Macht ins Uferlose zu verschieben, gepaart mit der Fantasie, bei ausreichender Allmacht über das Objekt, den Liebespartner, verfügen zu können.

Diesen Mechanismus der Sicherstellung der Bindung über Macht beschreibt das Modell von Jessica Benjamin: Vor dem Hintergrund der frühen Entwicklungsstörungen des Selbst durch Entwertungen, Verachtung, Ausgrenzung und Vernachlässigung entsteht eine bleibende Sehnsucht nach der Verschmelzung mit der primären Liebesperson. Diese zentrale Fantasie will quasi die Vertreibung aus dem Paradies rückgängig machen und hier in vollkommener Harmonie die beiden Halbkugeln von Selbst und Objekt in der Ganzheit zusammenfügen. Hieraus resultiert das Sehnsuchtsmotiv und die anhaltende Suche nach dem idealen Partner, mit dem eine Verschmelzung zur vollkommenen Liebe möglich ist. Das Sehnsuchtsmotiv macht das Akzeptieren einer unvollkommenen Liebe schwierig. Es kann ein ständiger Brandherd sein und immer zur Suche nach dem anderen Ideal antreiben.

Ein Weg, sich des Schmerzes der unerfüllten Sehnsucht zu entziehen, ist das zweite zentrale Motiv narzisstischer Regulation, nämlich durch Kontrolle über das Objekt zu verfügen. Durch das Gleichschalten des anderen mithilfe der beschriebenen Machtkonfiguration, den anderen zum Selbstsubjekt, zum Echo (vgl. Mythos), zu machen, kann das Gefühl der Omnipotenz erreicht werden. Der andere wird in Besitz genommen, gleichgeschaltet, und auf diese Weise kann die Fantasie des vollkommenen Selbst geschaffen werden (Abb. 8.2). Die Abbildung stellt dar, wie zwei Beziehungsmotive den pathologischen Narzissmus charakterisieren: einmal die Verschmelzung mit dem Objekt, das Einssein in der narzisstischen Symbiose, die als Sehnsuchtsmotiv erhalten bleibt. Die andere Konstellation, die sich beim Narzissmus noch häufiger findet, ist die Verfügung über das Objekt, die Kontrolle mit dem Gefühl der narzisstischen Allmacht über den anderen. Das Ziel, einen gesunden Narzissmus zu erreichen, bedeutet, sowohl von der Machtkontrolle als auch von der Verschmelzungssehnsucht Abschied zu nehmen und sich mit der partiellen Anerkennung abzufinden und diese letztlich anzunehmen.

Frühe Entbehrungen können der Hintergrund sein, dass Menschen mit narzisstischen Störungen von Gefühlen der Langeweile, Leere und Unzufriedenheit erfüllt sind und kompensatorisch ein sich ständig steigerndes Interesse an Stimulation, Macht, Reichtum, Schönheit und Liebe anstreben. Von dieser Ausgangsposition kann dann alle Pathologie, die selbst erlebt wurde, wie Trennungstraumata, Wechselbäder zwischen Idealisierung und Ignoranz, schwerste Entwertungen, Entwürdigung und Demütigungen in dem „Tanz der Liebe" reinszeniert werden. Hier wird der Bogen geschlagen zum malignen Narzissmus, zu antisozialen Elementen, zu Heiratsschwindlern und Pseudologien.

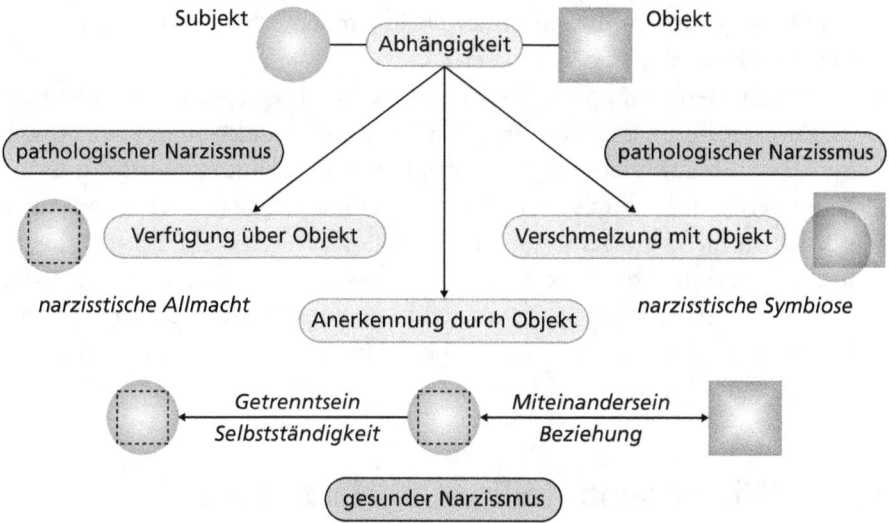

Abb. 8.2 Pathologischer und gesunder Narzissmus im Modell intersubjektiver Anerkennung. (Nach Benjamin 1993)

8.18 Was kann narzisstische Krisen auslösen?

Häufig verdeckt ist der Wegfall narzisstischer Stabilisatoren. Solche können sein:

- Leistungsbereich (Beispiel): Für alle Mitarbeiter überraschend war die selbst vollzogene Kündigung ihres Oberarztes. Dieser war durch seine enorme fachliche Kompetenz bei den Assistenten hoch geschätzt. Für sein selbstbewusstes Auftreten, seine Schlagfertigkeit, sein Eintreten auch für die Mitarbeiter wurde er bewundert. Als ihn der Chefarzt vor allen Assistenten bezüglich seines Arbeitsverhaltens bloßstellte und bemerkte, dass er ständig Arztbriefe liegen lasse und offensichtlich zu schriftlicher Arbeit kaum in der Lage sei – die Arbeitsstörung war tatsächlich signifikant – war das Gefühl, herausragend zu sein, demontiert, sodass er die Schwächen nur abstreiten konnte und sein Selbstbild durch Weggang zu stabilisieren suchte.
- Beziehungskrisen: Besonders häufig sind Partnerkrisen, in denen sich in der Mehrheit die Partnerin von der Machtaura und dem Glanz distanziert, über eine Entidealisierung die Bewunderung zurücknimmt und sich der Machtkontrolle und der Dominanz entzieht.
- gesellschaftlicher Ansehensverlust: In einer wirtschaftlichen Krise war der Unternehmer auf materielle Unterstützung angewiesen. Die Freunde, die sich in der Machtaura in großer Zahl um ihn scharten, verließen sofort das

„sinkende Schiff" und konfrontierten ihn mit der häufigen Inkongruenz zwischen Freund und Bewunderer.
- Verlust der Retterfunktion: Die Patientin erkrankte depressiv, nachdem ihr vergötterter und beneideter Bruder nach langer Krankheit verstorben war. Sie hatte ihn aufopferungsvoll gepflegt, er war abhängig von ihr, und ihr Selbstwert wurde durch diese Aufgabe stabilisiert. Schon als Kind hatte sie sich immer schützend vor die Mutter gestellt und die Entwertungen und Aggressionen des Vaters auf sich gezogen. Unter den Demütigungen hat sie ein verletzliches Selbstwertgefühl entwickelt, mit welchem sie kein Leistungsziel erreichen konnte, sondern sich im altruistischen Bereich unersetzlich machte.

8.19 Wie krisenanfällig sind Narzissten?

Erfolgreiche Narzissten, die sich im Leistungsbereich sehr anpassungsfähig zeigen, haben in Beziehungen häufig Schwierigkeiten, Veränderungen anzugehen. Wie schon dargestellt, sind besonders in der Partnerschaft die Kontrolle und auch die Machtkontrolle über den Selbstwert des anderen relevant. Dieser soll in der abhängigen Position erhalten werden. Insbesondere wenn die Bewunderung nachlässt und die Schwächen hinter der glänzenden Fassade deutlicher werden, werden Machtmechanismen wie Entwertung und im negativsten Fall Verachtung stärker eingesetzt.

Freundschaft

Anders ist dies im gesellschaftlichen Umgang, wenn der Narzisst neben der Anerkennung auch Beliebtheit und Formen des Gemochtwerdens und der Zuneigung sucht. Hier „kriseln" Freunde, die sich über das geringe Interesse am anderen beklagen oder die es leid werden, den Narzissten zu bewundern, in dessen Glanz zu stehen und als Trittbrettfahrer der Machtmänner zu fungieren. Hier ist der Rückzug der Freunde häufig, da kein tragendes Element da ist. Die Flexibilität der Machtkontrolle ist abhängig von der Reflexionsfähigkeit des Narzissten, seiner Fähigkeit mitzufühlen, wie er andere in den Schatten stellt, im Mittelpunkt zu stehen versucht, wie er den anderen fast suchtartig in die passive, anerkennende Position bringt. Durch Verluste, durch Rückzug anderer, durch die Isolation und die Einsamkeit tritt dann eine soziale Krise auf.

Der zurückgezogene Narzisst

Zum Teil verbittert, zum Teil sich ungerecht behandelt fühlend, zum Teil ohnmächtig fügt sich der Narzisst in die soziale Isolation. Häufig tröstet er sich mit selbstwertstabilisierenden Elementen wie Alkoholsucht, Spielsucht, Selbstbezogenheit, Intellektualität. Hier ist oft wichtig, welche Resonanz ihm die Familie gibt, wie er von ihr in seiner Depression wahrgenommen und wieder unterstützt wird. Das Zulassenkönnen von Depressivität ist die Öffnung zur abhängigen Seite und macht Kontakte wieder möglich.

8.20 Psychosomatische und körperliche Erkrankungen als narzisstische Kränkung – Ist der Leistungskörper unverletzlich?

Der Körper als Leistungskörper, als Selbstanteil, wird objekthaft und instrumentell benutzt. Im Leistungssport kann er den Leistungsidealen unterworfen werden. Dies äußert sich häufig in einer sehr mechanistischen Bemächtigung des Körpers. Immer stärker, weiter und höher werden die Leistungsnormen im Training geschraubt. Verletzungen können dann zu massiven Selbstwertkrisen führen.

Beispiel Die 22-jährige Patientin, Ruderin im Nationalkader, nahm ihren muskulösen Körper wie eine Maschine wahr, der seinen Dienst zu tun hat – den Erziehungsmaximen folgend, wie sie selbst auch im Elternhaus gefühlsarm, aber leistungsanerkennend, erzogen wurde. Der beziehungssuchende, bedürftige wie auch sexuelle Körper wurde verächtlich abgelehnt, Gefühle waren für sie intolerabel. Eine Schulterverletzung führte zu schweren Selbstwertkrisen. Sie konnte kaum die Geduld für die Rehabilitationsbehandlung aufbringen, versuchte immer wieder, den Körper mit einer Überdosis Gewalt zur Leistung zurückzuführen. Als dies nicht gelang und in der Selbstwertkrise zunehmend Depressionen auftraten, wegen derer sie stationär behandelt werden musste, traten verstärkt Beziehungswünsche auf, die für sie mit der Körperwahrnehmung völlig inkompatibel waren. Sie unterlag Essanfällen und begann, sich mit Schnitten selbst zu verletzen.

Beispiel: Herzinfarkt und Narzissmus Ein typisches Beispiel für eine narzisstische Kränkung ist für viele macht- und leistungsorientierte Männer der Herzinfarkt. In der Rehabilitation ist es ein großes Problem, dass der Körper in seiner Belastbarkeit nicht wahrgenommen, unterjocht und mechanistisch Sportprogrammen unterworfen wird. Diese sollen das alte Funktionsniveau rasch wieder herstellen, da der Verlust der körperlichen Integrität als extreme

Bedrohung der allgemeinen Funktionsfähigkeit erlebt wird. Die Bemächtigung des Körpers als Objekt, das zu funktionieren hat, reinszeniert als Beziehungsmuster in der Regel auch traumatisierende Muster der Vernachlässigung, Gewalt und Erniedrigung aus der Kindheit.

Beispiel: Schmerz und Narzissmus Der Manager, von einer chronifizierenden Schmerzerkrankung gequält, erlebt den Körper als übermächtig und versucht, ihn mit Verachtung zu strafen. Wenn er morgens beim Aufstehen die Muskelschmerzen seiner Fibromyalgie spürt, schreit er wie ein Büffel, rast durch die Wohnung und schlägt gegen die Wände. In der Therapie kann er erkennen, dass er verächtlich wie sein Vater ist, der ihn bei einer schlechteren Leistung in der Schule stundenlang auf dem Holzscheit knien ließ und ihn dabei wegen seiner Schmerzen auslachte. Der Patient ging seinen Weg der narzisstischen Bewältigung. Er wurde als Manager nebenbei Meditationslehrer, zwang alle Mitarbeiter seiner Firma, mittags eine Stunde zu meditieren und konnte bei Fortbildungen feststellen, dass er auch als Schmerztherapeut interessante Vorträge hielt. Schließlich war er, selbst scheiternd an der Schmerztherapie, in der Lage, Schritte der besseren Selbstwahrnehmung und Achtsamkeit zu tun. Wirksam für die Annäherung an seine Frau war eine fünfjährige bindungsorientierte Therapie. Hier wurde deutlich, wie er dieses Ausgeliefertsein in der Nähe mit größten Ängsten besetzt hatte, wie er die Ängste in Stufen zulassen konnte, auch wenn er sie weiterhin suchtartig mit Nikotinabusus beruhigen musste.

Typische auslösende Situationen sind der Wegfall narzisstischer Betätigungen wie berufliche Zurücksetzung und ausbleibender beruflicher Erfolg bei Höchstleistung. Mit den wachsenden Überforderungen können plötzlich überraschende Entwertungen einsetzen. Der folgende Zusammenbruch äußert sich häufig in stressassoziierten körperlichen Symptomen wie Hörsturz, Tinnitus, Schlafstörungen, wechselnden Schmerzen, wobei hier Warnsignale, Frühsymptome, meist nicht wahrgenommen werden und auch nicht mit Gefühlen in Beziehung gesetzt werden können.

8.21 Wie unterscheiden sich weiblicher und männlicher Narzissmus?

Diagnostik der Beziehungstypologien

Im interpersonellen Zirkel nach Kiesler (1983; Abb. 8.3), der in der Diagnostik der Beziehungstypologien häufig eingesetzt wird, zeigt der männliche Narzisst eine typische Position in dem Segment konkurrierend, verachtend und rivalisierend (dunkelgrau). Dieser Bereich liegt auf der vertikalen Machtachse und gegenüber dem Pol des unsicher-hilflosen und unterwürfigen Menschen. Letztere sind häufig Patienten, die Hilfe holen können. Umgekehrt wollen die im Besitz der Macht Befindlichen gerade diese Hilflosigkeit und Schwäche kontrollieren. Dies steht im Kontrast zum depressiven Pol. Diese Position macht die Selbstheilungsfunktion des Narzissmus deutlich, eine Position, die ihn vor Hilfsbedürftigkeit schützen soll (Abb. 8.3).

Der weibliche Narzisst befindet sich im Segment zwischen Macht- und der horizontalen Beziehungsachse (hellgrau) und zeigt eine deutlich höhere Beziehungsoffenheit. Damit verbunden ist auch eine größere emotionale Offenheit wie etwa die Angstbereitschaft. Die Selbstwertunsicherheit stellt dar, dass das Bedürfnis, geliebt zu werden, mehr zugelassen wird als beim männlichen Narzissten. Dieses Bedürfnis wird durch Machtmechanismen kontrolliert, indem die Anerkennung durch die Kolleginnen eingefordert wird. Die narzisstische Kränkung erreicht oft schneller den Selbstwert, sodass hier öfter Burn-out-Krisen auftreten mit dem Gefühl: „Ich werde abgelehnt." Die kompensatorische Bewegung ist häufig eine verstärkte Aggressivität, verbunden mit nachtragender Kränkbarkeit. Machtmechanismen sind beispielsweise die Einführung häufiger Besprechungen, das Delegieren der eigenen Unsicherheit an andere, indem diese überfordert, mit Aufgaben überschüttet und zu ständigen Kontrollbesprechungen vorgeladen werden. Von anderen zu lernen wird meistens vermieden. Dies würde bedeuten, sich unterzuordnen und Schwäche zu zei-

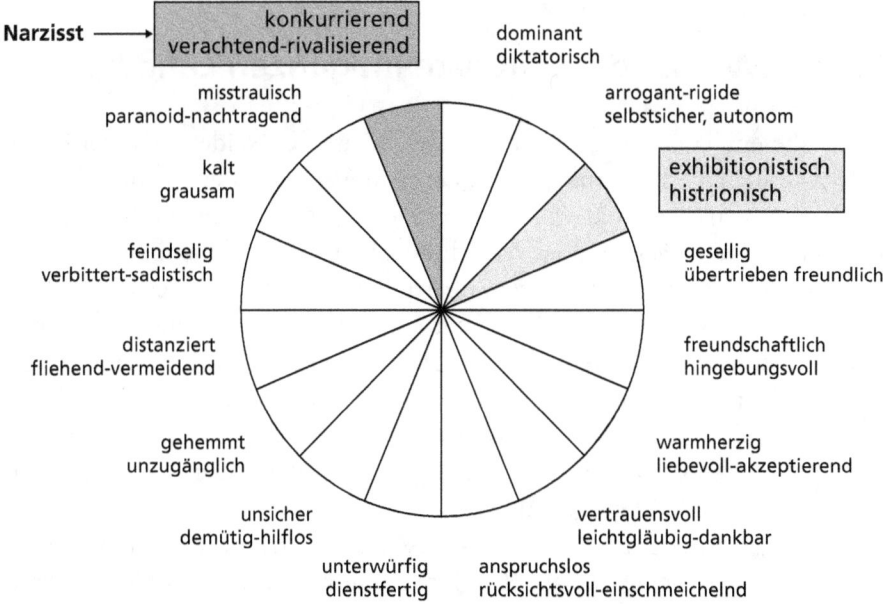

Abb. 8.3 Interpersoneller Zirkel. (Nach Kiesler 1983)

gen. Der autarke Anspruch, überall kompetent zu sein, scheitert rasch und macht depressionsanfällig.

Der Zickenkrieg

Die Machtseite kann sich durch die Durchlässigkeit im Beziehungsbereich häufig externalisierend sehr „hysterisch" anfühlen, wenn kompetitive Rivalitäten ausgetragen werden. Die zugrunde liegende Dimension der Neidthematik gegenüber der „potenziell erfolgreicheren Schwester" kann sich in dem Gefühl, benachteiligt zu sein („Ich arbeite mich zu Tode und werde nicht wahrgenommen." „Wir Frauen müssen doppelt so viel arbeiten als die Männer." usw.), äußern. Der Konflikt wird häufig auch realitätsverzerrend ausgetragen, da die Bedürfnisse offener als von Männern geäußert werden. Der Stachel des Neides ist nicht weniger tödlich als unter Männern. Aufgrund des verletzlichen Selbstwertes wird dieser Neid eher nachtragend verarbeitet. Hier gibt es fließende Übergänge zu sensitiv-paranoiden Reaktionsmustern, wo bereits vorwegnehmend Unrecht oder Ablehnung unterstellt wird und alle kleinen Zeichen, die das Misstrauen nähren, in die fundamentale Überzeugung eingebaut werden. Umgekehrt kann der Neid aber auch maskiert werden, wie es heute in Scheinheiligkeitsspielen exerziert wird. Wie selbstverständlich wird in Soaps gefordert, dass sich die Verliererinnen überschwänglich mit der Gewinnerin freuen und ihr gratulieren.

8.22 „Wer ist die Schönste im ganzen Land?"

Unter diesem Titel begegnet uns die Geschichte des Neides. Wie bei jedem Affekt können wir konstruktive und negative Aspekte unterscheiden.

Der konstruktive Neid will etwas erreichen, was der andere hat. Er will den anderen nicht ächten oder vernichten, sondern mit glühendem Eifer den Wettbewerb suchen, konkurrieren, übertreffen. Er will sein wie er oder noch besser. Dieser Neid treibt zur Aktivität an. Neid und Missgunst vergleichen einen selbst mit einer anderen Person. Der Neidende beneidet materielle oder ideelle Güter, er nimmt die Verteilung als ungerecht wahr, sich selbst als benachteiligt. Der Geschwisterneid ist schon biblisch. Kain erschlägt seinen Bruder Abel, dessen Opfer von Gott mehr gewürdigt wird. Der Begünstigte hat alles, der Neidvolle ist ausgeschlossen.

Die Gefährlichkeit des Neides, der diesen destruktiv macht, durchzieht die Menschheitsgeschichte und alle Religionen. Die Mutter aller Sünden wird mit Verdammnis verfolgt.

Als die Königin den Spiegel befragt „Wer ist die Schönste im ganzen Land?", muss sie die grandiose Antwort hören, dass es jemanden gibt, der noch tausendmal schöner ist als sie: Schneewittchen, die inzwischen siebenjährige Tochter der verstorbenen ersten Frau des Königs. Daraufhin erschrak die Königin und ward gelb und grün vor Neid. Von Stund an hasste sie das Kind, wenn sie es erblickte. Vom Hass durchtränkt, beauftragt sie den Jäger, das Mädchen zu töten und ihr Lunge und Leber des Mädchens zu bringen. Das boshafte Weib inkorporiert die vermeintliche Leber und Lunge des Mädchens. Als sie erfährt, dass der Jäger sie betrogen hat, verfolgt sie das Mädchen mit weiteren Mordversuchen, um es zu beseitigen, um mit dessen Vernichtung ihr beschädigtes Selbstwertgefühl reparieren zu können. Bekanntlich überlebt Schneewittchen die Anschläge. Bei Schneewittchens Hochzeit wird ihr eine grausame Strafe zuteil. Sie muss in zum Glühen gebrachten eisernen Schuhen tanzen, bis sie tot umfällt.

Die Deutung des Märchens kann mehrschichtig sein: Die alternde Königin verliert im Altern die absolute Macht der Schönheit an die Jüngere. Der Narzissmus der Schönheit bezieht sich auf die Oberfläche, auf Vergänglichkeit und damit auf die grundsätzliche Notwendigkeit, narzisstische Kränkungen zu verarbeiten. Die Geschichte greift aber auch die narzisstische Kränkung der Ausschließung auf. Die Königin ist rasend vor Neid auf das Kind der toten Vorgängerin, die möglicherweise ihren Platz im Herzen des Königs behalten hat. So ist die neue Königin immer auch Ausgeschlossene beim König und dessen Tochter. Sie will sich an deren Stelle setzen, indem sie in die Eingeweide eindringt und hier ihren Platz erobert.

Der Vergleich, ohnmächtig unterlegen zu sein, zieht mörderischen Neid nach sich. Die Aussichtslosigkeit des ausgeschlossenen Geschwisters vom Muttersohn oder von der Vatertochter kann mit beißendem Neid einhergehen. Ein solch ruhelos verzehrender Neid kommt erst zur Ruhe, wenn der Rivale vernichtet ist. Erst dann ist sicher, dass Platz frei ist. Mit dem Vernichtungswunsch kann der Wunsch verbunden sein, etwas vom Beneideten zu haben, was man nicht hat, so wie die Königin die Eingeweide inkorporiert.

Was macht den Neid narzisstisch?

Die Königin konkurriert mit Schneewittchen um die Schönheit. Sie will jedoch nicht nur deren Schönheit, sie will diese als einzige besitzen, das macht den Neid narzisstisch.

Rasender Neid auf alles Bessere, Schöne, Vollkommene kann als Herostratos-Komplex beschrieben werden. Herostratos hat voller Neid auf die Architekten seiner Zeit den Artemis-Tempel in Ephesos, eines der sieben Weltwunder der Antike, niedergebrannt, um selbst berühmt zu werden.

8.23 Neid und Misstrauen – problematisch sind immer die anderen?

Beispiel Der Patient war enttäuscht von seinem von ihm zuvor idealisierten Chef, der ihn fachlich als Koryphäe sehr beeindruckt hatte, dessen Nähe er suchte. Er fühlte sich zunächst im Leistungsbereich sehr gefördert. Als er zunehmend Schwierigkeiten mit seinem Projekt hatte, erlebte er sich jedoch fallen gelassen, während sein Kollege nun die favorisierte Stelle einnahm. Neid und Hass dominierten nun seine weitere Auseinandersetzung. Er konzentrierte sich in der Folgezeit nur noch auf die Schwächen, Heimlichkeiten, Suchtanteile, Intrigen und Gaunereien, die er alle nun minutiös bei seinem Chef wahrnehmen konnte. Es entwickelte eine Schwarz-weiß-Welt, fast suchtartig suchte er nach Flecken an „der weißen Weste" des anderen, fantasierte Szenarien, wie er Skandale lostreten könne, wenn er über die Datenfälschungspraktiken, die er seinem Chef unterstellte, berichten würde. Er konnte nicht wahrnehmen, wie seine eifernden, usurpierenden Gedanken und Handlungen denen seines Chefs glichen. Die hasserfüllte Bindung ließ keine andere Perspektive zu. Die Therapie seiner muskulären Schmerzen war im Feuer der polarisierenden Auseinandersetzung erfolglos. Die Hintergründe, dass er nicht loslassen konnte, lagen in der narzisstischen Bindung zur Mutter, die auf seine Distanzversuche immer sehr verletzt und mit dem Gefühl, abgelehnt zu sein, reagierte. Dies war das Spannungsfeld, in dem er seine eigenen Entwertungsimpulse so schlecht reflektieren konnte und damit kein Ende fand. Narzisstische Bewältigungstechniken waren bei ihm die immer ausschweifenderen und rhetorisch geschliffenen Monologe über den „Sturz seines Königs". Dazu zählten aber auch die heftige Vermeidung, eigene Verletzlichkeiten zuzulassen, die er sofort intellektualisierte und in ausufernde abstrakte gesellschaftliche Diskussionen verwandelte. Dies ist auch ein Beispiel dafür, dass narzisstische Patienten auch im Unterschied zu Borderlinepatienten häufig anhaltend in Entwertungsbeziehungen gebunden bleiben.

Beispiel: Unfehlbarkeit Der Patient engagierte sich in der Therapiegruppe als Cotherapeut mit klugen, auch einfühlsamen Beiträgen, die sich auf die Mitpatienten bezogen. Es bildete sich ein latenter Konkurrenzkampf zwischen ihm und dem Therapeuten aus, wer letztlich der bessere Therapeut sei. Angesprochen auf eigene Schwächen, betonte der Patient, dass er sehr gerne auch Unrecht behalten möchte, leider ergäbe sich halt in der Gruppe immer wieder, dass er doch Recht habe. Im Einzelgespräch war es schwierig zu verstehen, warum er sich so extrem streng dagegen verwehren musste, etwas falsch zu machen, und wie er sein intolerantes Gewissen gnädiger machen konnte. Es gab hier keinerlei Fortschritte in der Therapie. Erst als seine Frau den Therapeuten anrief, ob schon über den Suizid des Vaters des Patienten gesprochen wurde, wurde die besondere Form der Schuld ein Modell. Der Patient war jedoch nicht bereit, mithilfe seiner Frau darüber ins Gespräch zu kommen, und brach die Therapie ab. Häufig liegen die Hintergründe für ein unverzeihliches Gewissen beim traumatischen Verlust. Es kann jedoch auch eine sehr frühe Disposition zur hohen Skrupulosität und Übergewissenhaftigkeit als Hintergrund der Schwarz-weiß-Ideologie vorliegen.

8.24 Welche Rolle spielt der Narzissmus bei Suchtkrankheiten?

Es gibt viele Gründe und immer einen Grund, um ein oder mehrere Suchtmittel zu konsumieren. Funktionen der Suchtmittel sind Entspannung, Enthemmung, Belohnung. Sie werden daher zum Stressabbau eingesetzt.

Das Wechselspiel der verschiedenen Faktoren macht es schwierig, Grundmuster der Suchtanfälligkeit und Aufrechterhaltung von Abhängigkeitskrankheiten festzulegen. Besonders in Kliniken zur Behandlung der Abhängigkeit von Drogen wie Heroin, Kokain, Ecstasy, heute insbesondere Chrystal, finden wir ein großes Spektrum von Patienten mit narzisstischen Störungsanteilen.

Beispiel Der 22-jährige Patient beschreibt, seit der Pubertät andauernde Minderwertigkeitsgefühle mit hoher Diskrepanz zu seinen Ansprüchen, cool, clever und klug zu sein, zu haben. Was blieb, war die Wahrnehmung, dass er im Sport erfolgreich war. Er scheiterte in der Schule, als Schwarm der Mädchen und insbesondere in der Achtung seines Vaters. Als Kronprinz der Mutter war ihm ohne Anstrengung und mit Verwöhnung vieles in den Schoß gelegt worden, was zu einer geringen Frustrationstoleranz führte. Bei Versagen, Kränkungen in den Schulleistungen und mangelnder Beachtung fühlte er sich rasch minderwertig, zog sich zurück und empfand starke Spannungen. Diese waren der Hintergrund für den Cannabiskonsum. Die Abhängigkeit entwickelte sich auch in der zunehmend anhaltenden, geringen Frustrations- und Spannungstoleranz. Gleichzeitig erlebte er sich ungehemmter, empfand größere Energien, sich im Fitnessstudio eine glänzende Figur zuzulegen, stylte sich mit Designerklamotten und ging zu einem speziellem Hairdressing. Das Wechselspiel von Abhängigkeit (Verwöhnung), geringer Spannungstoleranz und Erhaltung der grandiosen Kompensation waren zentrale Elemente der Suchttherapie.

Alkoholsucht

Ähnlich wie bei dem genannten Beispiel ist auch bei vielen Alkoholabhängigen ein selbstwertinstabiles Grundmuster festzustellen mit Depressionsneigung wie auch Scham- und Schuldproblematik. Häufig ist bei Menschen mit sehr hohen Ich-Idealen, Perfektionismus und Zwanghaftigkeit eine Überkontrolle gegenüber Grundbedürfnissen nach Versorgung, Anerkennung und Liebe festzustellen, sodass in diesem Spannungsfeld das strenge Gewissen im „Lösungsmittel Alkohol" aufgeweicht wird.

Stärkere Spannungsfelder ergeben sich meist bei ausgeprägterer narzisstischer Dynamik. Abhängige Seiten werden verleugnet, entsprechend auch der Alkohol- oder Drogenkonsum. Mit narzisstischer Selbstüberheblichkeit werden Höchstleistungen angestrebt. Auf diesem hohen Niveau werden dann aber auch Risiken eingegangen, die bis zu grenzüberschreitenden, selbstdestruktiven Handlungen reichen, beispielsweise die berufliche Sicherheit durch Drogenkonsum während der Arbeitszeit aufs Spiel zu setzen. In der Abhängigkeitsentwicklung treten dann Gereiztheiten auf, Spannungsfelder zwischen Souveränität, grandioser Expansivität, Brillanz, Schlagfertigkeit und im Kontrast dazu Langeweile. In den Leeregefühlen sorgen die Suchtmittel für eine Spannungslinderung. Die im Verlauf häufig zu beobachtende, immer größere gereizte Gespanntheit, Entwertungsneigung und zynisch abfällige Episoden vergiften häufig die Atmosphäre und stehen im Kontrast zum Anerkennungs- und Bewunderungsbedürfnis. Schließlich kann das „manische Fest" in kläglicher Einsamkeit enden.

Zusammenfassend lässt sich sagen, dass gerade durch die depressionsverstärkende Wirkung von Alkohol- und Drogenabhängigkeit die stabile narzisstische Struktur labilisiert wird, sodass die hypersensitive, versagende und depressive Seite stärker auftritt. Diese bestimmt dann auch den Leidensdruck und die Therapiebedürftigkeit und mindert die Verleugnung.

Im Rausch kommt es zu einem vorübergehenden, ausschließlich grandiosen Selbstgefühl. In der Katerstimmung wird das Minderwertigkeitsgefühl manifest. Die Verarbeitung dieser negativen Emotionen erfordert dann wieder eine enorme innere Verarbeitungskapazität, was immer häufiger die Suche nach abhängigkeitsfördernden Substanzen wieder aktiviert.

Wissenschaftliche Studien untersuchen in den letzten zehn Jahren verstärkt die Zusammenhänge zwischen Abhängigkeitserkrankungen und Narzissmus. In der Stress- und Krisenbewältigung ist der Substanzkonsum häufig eine Selbstmedikation. Die Drogen stabilisieren vorübergehend das fragile Selbst. Die starken Affektspannungen und Affektüberflutungen bei schweren Persönlichkeitsstörungen sind ein bedeutsames pathologisches Bindeglied in Prozessen der Abhängigkeitsentwicklung. Heute sind narzisstische Persönlichkeitsanteile ein wichtiger Zielbereich für die begleitende Psychotherapie in der Suchtbehandlung.

8.25 Macht und Narzissmus – Warum lebe ich nach der Maxime „viel Feind, viel Ehr"?

Persönlichkeiten, die als Ekel, Tyrann, arroganter Entwerter, Zyniker auftreten, sind beliebte Figuren in Filmen. Der Antagonismus von Macht und Liebe spiegelt sich in verschiedenen Ausprägungsgraden narzisstischer Machtspiele.

Beispiel Der altgediente Oberarzt war bekannt als unnahbar, sachlich, kompetent. Auf den ersten Blick suchte er keine Bewunderung und keine Anerkennung und schien mit sich im Gleichgewicht. „Ich spekuliere nicht, ich stelle Diagnosen", so einer seiner markigen Kommentare. Er schien auch mit der großen Distanz zu seinen Mitarbeitern und dem Ausgeschlossensein aus dem Team klarzukommen, als sein Stationsarzt als Kommunikationsgenie und charmant auftretender Mann die Herzen der Stationsmitglieder auf sich zog. Nun entwickelte sich latent das scheinbar abstinente Liebesbedürfnis des Oberarztes paradox: Mit der Erhöhung des Leistungsdrucks wurden negative Größenideen spürbar: „Ich brauche keinen von Euch, mich interessieren nur perfekte Diagnosen und Arztbriefe." Orthografische Fehler im Arztbrief wurden mit Rotstift korrigiert, die Besprechung der Korrekturen wurde in die Abendstunden gelegt. Schließlich untersuchte er heimlich das Zimmer des beliebten Stationsarztes nach Fehlern, Versäumnissen und privaten Dingen.

Die Destabilisierung des Machtgleichgewichts lässt sich so interpretieren, dass sein unterschwelliger Neid auf den gewandten Stationsarzt zunahm, dem nicht nur die Arbeit leicht fiel, sondern dem auch noch die Herzen zuflogen. In der Konkurrenz fand er zu seiner verhärteten, distanzierten Umgangsweise zurück. Er war sehr stabil und zufrieden mit seinem Ruf – je mehr Feinde, desto besser ging es ihm. Dass er die Einsamkeit ertragen konnte, wurde so erklärt, dass er in seinem Privatleben ein scheinbar stabiles Familienkonstrukt als Patriarch aufgebaut hatte.

8.26 Mobbing – Warum muss immer einer über den Jordan gehen?

Härtere narzisstische Persönlichkeiten zeigen durch ihr Machtgebaren im beruflichen Umfeld massive destruktive Prozesse, narzisstische Entwertungen,

Verachtung und Elimination von Mitarbeitern. Klassisch sind dann Spaltungen in Teams: leitende Persönlichkeiten, die sich unterwürfige Kollegen halten. Diese werden belohnt, erhalten Sonderprivilegien und werden narzisstisch aufgewertet. Zumindest einer wird im Sinne des Mobbingprozesses ausgegrenzt und schließlich eliminiert. Die Opfer können verschiedene Selbstanteile tragen: Sie können Projektionsfigur der eigenen Schwäche und Ängstlichkeit sein und als schwach fallen gelassen werden. Oder potente Mitarbeiter, die häufig die Anerkennung suchen, können als potenzielle Konkurrenten gefährlich nahe kommen und Neid erzeugen. Sie werden dann mit narzisstischen Machtmitteln entwertet.

An narzisstischen Machtmitteln besteht häufig ein reichhaltiges Repertoire, wie eine hohe Empathie für die Schwächen des anderen und dessen Verletzlichkeiten: die Verunsicherung durch Widersprüche, rasche Wechselbäder durch Favorisieren und Fallenlassen wie ein rasches Verbrüdern – „nur wir beide verstehen das Problem wirklich" –, um dann den anderen beim Erfolg auszuschließen.

Beispiel Der narzisstisch bedürftige Chef sucht durch scheinbar brillante Monologe Bewunderung und Anerkennung; er will Recht haben. Im „Schatten der Sonne" vereist langsam die Atmosphäre, betritt man die Räume der Abteilung, spürt man Einsamkeit und Kälte. Jeder Mitarbeiter sitzt in seinem Zimmer. Die innere Kündigung ist spürbar, der Selbstwert aller sinkt, das Lachen gefriert und die Kommunikation versandet. Wenn in Teambesprechungen jeder zu seiner Meinung befragt wird, wird diese häufig rhetorisch zunächst scheinbar ernstgenommen, dann jedoch als nicht zutreffend, ungeeignet oder suboptimal abgelehnt. Es entsteht keine wirkliche Streitkultur, sondern in der Meinungsmacht ein Richtig-oder-falsch-Qualifizieren.

8.27 Wie narzisstisch ist Verliebtheit?

Der Stoff, aus dem die Träume sind, wie sich die Blicke finden, wie das Beste in den anderen hineingesehen und herausgeliebt werden kann, das ist die Sehnsucht. Diese Verschmelzung der Spiegelungen wird als vollkommenstes Gefühl empfunden. Die Sehnsucht erfüllt den Wunsch, durch den anderen ein Ganzes zu werden. Die Distanz, der Abschied, wird als Verarmung und Schmerz empfunden.

Der Zustand kann aufgrund des rauschartigen Charakters kritisch als „Hormonpsychose", Dopaminrausch, Verblendung oder Paranoia gesehen werden, bleibt jedoch zentrales Motiv der Menschheitskultur auf der Suche nach dem Paradies. Diese besondere Form der Idealisierung ist jedoch auch psychologisch sinnvoll: durch die Überstrahlung und Resonanz das Beste des anderen zu sehen und zu lieben, ist ein Schatz, ein Energiequell, der als Oase für lange Wüstenwanderungen im Herzen konserviert bleiben kann. Dieses Konservieren ist jedoch in der Regel davon abhängig, wie der Zauber verfliegt, wie die Entidealisierung schrittweise im Alltag stattfinden kann und ob ein kleiner Sonnenstrahl der Idealisierungsbereitschaft übrigbleibt: „Verliere niemals Deine Träume."

Die Fähigkeit, diesen Schatz der Idealisierung, der narzisstischen Überhöhung, zu erhalten, wird in der Bindungsfähigkeit gesehen. Der Glücksrausch ist biologisch nur episodisch möglich. Ob er zur Asche zerfällt oder auf milder Flamme weiterglüht, hängt von der Bindungsfähigkeit ab, die Beziehungskonstanz schafft.

8.28 Warum vermeidet der Narzisst Nähe?

In dem Mythos von Narkissos (Kap. 1) gibt es die Schlüsselstelle, in der Echo ruft: „Ich möchte mit Dir liegen", und Narziss stößt sie vehement von sich. Dieses Distanzierungsbedürfnis, die Aversion und Angst vor Nähe, wurde von der Bindungsforschung und Psychoanalyse in vielen Facetten untersucht.

Vermeidender Bindungsstil Der vermeidende Bindungsstil als ein sehr häufiger Grundtypus der Bindungsunsicherheit, der bei Männern häufiger als bei Frauen vorkommt (ca. 20 %). Dies ist ein Stil, mit dem die Trennungsangst am Ende des ersten Lebensjahres bewältigt wird. Diese Angst wird unterdrückt bzw. deaktiviert, sodass bei der Betrachtung des Kindes in dieser Phase keine Zeichen der Angst wie Unruhe, Kümmernis und Irritation bei einer Trennung wahrzunehmen sind. Das Kind kann sich weiterhin dem Spiel zuwenden, auch wenn die Mutter das Zimmer verlässt. Bindungsforscher sehen jedoch, dass die Konzentration beim Spiel deutlich nachlässt. Psychophysiologen finden bei Stressuntersuchungen einen erhöhten Cortisolspiegel im Speichel. Die Kinder wirken sehr unabhängig, was bei vielen Müttern, besonders deutschen Müttern, den Kommentar auslöst: „Wie gut mein Kind schon alleine bleiben kann." Die Kinder bilden ein Grundmuster der Distanz, tanken bei Trennungsangst nicht bei der Mutter auf, indem sie sich an diese binden und von ihr beruhigen lassen. Sie zeigen eine Selbstberuhigungs- und schließlich eine Distanzierungstendenz. Die Mütter bemühen sich nicht aktiv um die Nähe, die Kinder erleben Nähe immer weniger als beruhigend, schließlich sogar als unangenehm. In der Weiterentwicklung bleiben die Kinder näheintolerant und können auch dadurch den anderen wenig einbinden, wenig beruhigen, stehen eher daneben, wenn ein anderes Kind oder ein Erwachsener zum Beispiel Schmerzen hat oder weint.

Verstärkte Näheintoleranz Ein sehr wechselnder, mal distanzierend-ignorierender, dann wieder sehr vereinnahmender Stil kann in der weiteren Entwicklung beim Kind „verstärkte Verschlingungsängste" bewirken. Die Wechselhaftigkeit, die Bipolarität, zwischen extremer Nähe und starker Distanz verstärkt das Vermeidungsverhalten bezüglich der Nähe. Das Urvertrauen ist nicht gegeben. Im Gegenteil kann sehr häufig gegenüber der Hauptbezugsperson ein Misstrauen entstehen, durchmischt mit Zweifel und Aversion. Im weiteren Verlauf in der Trotzphase kann das Kind massive Machtunterwerfung erleben, indem die Sauberkeit forciert wird und die Kontrolle über das Verhalten wie über Körperfunktionen belohnt wird. Hier entsteht eine besondere Dominanz des Kontrollverhaltens und der Unterwerfung unter die Kontrolle. Dies sind Schlüsselstellen für die soziale Regelung, die Hierarchiebildung, die in pathologischer Ausprägung zu einer besonderen Macht-Ohnmachts-Sensibilisierung führen kann.

Beziehungstraumatisierung Verlassenheitssituationen, die im Bindungssystem ein Bindungstrauma hinterlassen, sind ein häufiges Grundschema für eine allgemeine Stressvulnerabilität. Diese liegt bei ca. 10 % der Bevölkerung vor. Neben dieser allgemeinen Verunsicherung ist nun in der Regel die Nähe-Distanz-Regulation gestört, sodass durchlässige Selbstgrenzen resultieren. Diese können Kinder zu sogenannten Selbstobjekten der Eltern machen, das heißt sie erfüllen wie ein verlängertes Selbst die Bedürfnisse der Eltern nach Zuwendung und Bewunderung und werden dann ihrerseits für Leistungen bewundert, wie die Eisprinzessin, die die Delegation von der Mutter erhält und sich deren nicht erfüllten Ich-Ideale zu Eigen zu machen. Diese Entwicklung eines falschen Selbst, nicht die eigene Autonomie und das authentische Selbst zu entwickeln, ist einer der häufigsten Befunde bei der Entwicklung von narzisstischen Störungen. Aber auch andere Traumata wie Gewalt, emotionale Vernachlässigung sind neben dem emotionalen Missbrauch besonders abzuklären.

8.29 Ist Sexualität ein wirksamer Bindungsersatz?

Die Sexualität, die im vierten Lebensjahr zunächst als erogene Zone bei der Lust-Unlust-Erregung im Mittelpunkt des Körpererlebens des kleinen Kindes steht, kann beim bindungssicheren Kind zur Erregung wie zur Beruhigung eingesetzt werden. Beim bindungsunsicheren Kind zeigt sich häufig in der Pubertät, dass es zu Aufspaltungen neigt und bei frühen Unter- und Überstimulierungen auch ein erhöhtes Erregungsbedürfnis entwickeln kann.

Die Sexualität wird von Adoleszenten mit narzisstischen Größenfantasien besetzt. Besonders männliche Erobererfantasien – der Mann, dem die Frauen zu Füßen liegen – sind Bilder für die Machterotik, die in den Fantasien expansive Bedeutung erlangen. Sexualität als technische Meisterleistung, als Fantasie, die immer neue Erregungsformen oder neue Partnereroberungen enthält, bestimmt dann die Kontaktsuche. Die Leistung steht über der Fähigkeit, Intimität zu ermöglichen und sich fallen zu lassen. Die zugrunde liegende Bindungsunsicherheit zeigt sich in einem weniger empathischen Vorspiel, weniger Interesse an der Sexualität und den romantischen Bedürfnissen des anderen, sondern mehr an der eigenen Befriedigung. Die Trennungssituation ist besonders signifikant, da der Bindungsunsichere das Sich-fallen-Lassen und das Ruhen nach dem Orgasmus nicht in dem Maße genießt wie der Partner, sodass er rasch wieder anderen Aktivitäten nachgehen möchte. Das Leistungsideal einer „guten Sexualität" kann zu differenzierter, leidenschaftlicher Beziehungsvielfalt führen, zu häufigem Bedürfnis nach Sex, um die Leere in der Nähe zu kompensieren und die Angst vor Nähe unter Umständen zu kontrollieren.

Die Bedeutung des Leistungs- und Machtkörpers gibt dem attraktiven, durchtrainierten Körper einen besonderen narzisstischen Stellenwert. Sexualität kann dann die Bindung als Pseudobindung erhalten. Wenn die Leidenschaft nachlässt, besteht dann der Kontrollverlust über die Nähe. Die Defizite in Zuwendung, Beruhigung, Trost und sicherheitsgebender Nähe-Distanz-Regelung sind dann eine Schwachstelle, die zu verstärktem Stress führt. Wenn dadurch Sexualität nicht mehr ausgelebt werden kann, folgt häufig die Trennung.

8.30 Wie erkennt man hinter der leidenschaftlich verliebten, idealisierten Beziehung die narzisstische Problematik?

Sexualität als narzisstische Macht setzt auf Attraktivität, Abwechslung und Erregung. Hier lässt sich ein Verständnis für die Art der Beziehung des anderen finden. Wie hat er nach der Pubertät seine Beziehungen gestaltet, gab es häufige Beziehungsabbrüche? Wie schildert er die Erotik, mehr romantisch oder stärker unter Aufregungsaspekten? Lässt sich der Schilderung entnehmen, wie er die Entwicklung der Beziehung, die unterschiedlichen Stärken und Schwächen der Beziehungsgestaltung so vermittelt, dass ein Gesamtbild entsteht? Kann er auch eigene Anteile bei Konflikten reflektieren und Trennungsauseinandersetzungen als Prozess sicht- und spürbar machen?

> **Don Juanismus** Don Juanismus beschreibt den narzisstischen Stellenwert der Sexualität, hinter dem ein Anerkennungsbedürfnis der Männlichkeit steht. Durch die Bindungsschwäche sind diese Beziehungen meist kurzfristig, auf Erregung angelegt und daher flüchtig.

Promiskuöse Sexualität hat häufig einen bindungstraumatischen Hintergrund. Suchtartig durchgeführte Sexualität zeigt Erregung und unzureichende Beruhigung, sie reguliert ein labiles Affektsystem. Narzisstisch aufgeladene, häufig wechselnde Sexualpartner im Sinne des Don Juanismus können die Machterotik mit der Erregungssexualität koppeln.

Beispiel Der 45-jährige Patient befand sich schon einmal vor fünf Jahren wegen der Frage, ob er beziehungsunfähig sei, in einer Kurztherapie. Es wurde deutlich, wie wenig er sich in seine Partnerinnen hineinversetzen konnte und dass er nie das Gefühl hatte, eine Beziehung halten zu können. Sehr rasch verfiel er in Langeweile und in Missachtung. Seine ständigen Prostituiertenkontakte hatten zur Folge, dass es zu keinen längeren Bindungen kam. Aktuell suchte er nach Bestätigung dafür (nach Hilfe würde er nie suchen), wie gut er in seinem Beruf als Personaler ist und wie er in seinem Umgang mit Mitmenschen und seinem Kommunikationsstil Anerkennung finden kann. Er fühle sich sehr viel sicherer und gefestigter, seitdem er seit zwei Jahren mit seiner Partnerin fest liiert sei. Diese war fünf Jahre älter als er, brachte eine 24-jährige Tochter mit in die Beziehung, die gerade ein Kind geboren hatte. Er schilderte seine große Freude darüber, erstmals einen Kontakt zu einem Kind aufbauen zu können, und sich als Großvater und Vater der angeheirateten Tochter einbringen zu können. Sein ganzer Ehrgeiz war darauf gerichtet, neben dem Beruf jetzt auch in der Familie ein Großprojekt zu sehen, wo er Anerkennung fand und Stärke einbrachte. Mit seiner Frau konnte er mehr und mehr beziehungsfähige Sexualität entwickeln, sodass er auf die Prostituierten verzichten konnte und nur phasisch intensiv Pornos anschaute.

Es kam zu einem Paargespräch, als sich an Alltagskonflikten erhebliche Eskalationen entzündet hatten. Er berichtete, wie seine Frau, handlungs- und entscheidungsschwach, in ihm sofort Lösungsmechanismen und Handlungsabläufe auslöst. Er könne es nie aushalten, wenn sie erst einmal abwäge, sondern er müsse ihr sofort alle Alternativen erklären und sie dann von seiner Lösung überzeugen. Mir fiel bei der Schilderung auf, dass er gar nicht die Motive und Ambivalenzen seiner Frau erkannte, sondern sofort das Verstehen durch Handlungen ersetzte. Er wusste um seine Empathieschwäche, konnte diese jedoch nicht lösen. So reagierte er am nächsten Tag auf die Äußerung seiner Frau, dass sie es sich noch weiter überlegen wolle, gereizt und mit narzisstischer Entwertung: „Dann kann man es ja gleich lassen." Sie war verletzt und zog sich zurück, worauf er den Rückzug als Trennungsdrohung empfand und sagte: „Wenn Du nicht mehr mit mir zusammenleben willst, dann gebe ich dir hiermit die Papiere zurück", und stieg aus dem Auto aus.

Der Hintergrund für seine Trennungsimpulsivität war das frühe Trennungstrauma. Sein Vater hatte die Familie verlassen und die Mutter hatte ihn sehr früh in einem Internat untergebracht. Als Nebenbefund des Gesprächs ergab sich, dass das Paar schon seit einem halben Jahr keinen Sex mehr gehabt hat, dass sich seine Frau nicht wahrgenommen fühlte und für das Abreagieren seiner Stressspannungen über die Sexualität nicht mehr zur Verfügung stehen wollte. Ziel der Therapie war, die Förderung der Empathie, des affektiven Austausches und der emotionalen Bezogenheit. In der hohen Eskalationsgefahr gilt es, die Bedeutung trennender Seiten von Konflikten wahrzunehmen und das Trennungsagieren zu kontrollieren. Die Wiederbelebung der Sexualität erfordert, dass diese in die Beziehungssensibilisierung eingebunden sein muss.

8.31 Wie fühlt es sich an, einen Narzissten zu lieben?

Narzisstische Partnerwahl – Ähnlichkeit zieht sich an

Freud (1914) ging davon aus, dass die narzisstische Partnerwahl davon geleitet wird, dass sich Narzissten von dem anziehen lassen, wie sie selbst sind bzw. sie selbst sein möchten. Die Selbstwertsteigerung, die Expansion des Selbstgefühls, wird gespiegelt durch die Idealisierung des anderen, wie er die eigenen Stärken spiegelt.

Empirische Studien zur Selbst- und Fremdliebe von Narzissten zeigen, dass Narzissten sehr positiv über sich selbst denken, sie betrachten sich selbst sehr attraktiv und haben ein eingeschränktes Interesse an Beziehungsintimität. Narzissten setzen in Paarbeziehungen genauso wie in anderen Sozialbeziehungen ihre Selbstregulationsstrategien ein. Sie nutzen die Paarbeziehung zur Selbstwerterhöhung. Ihre Selbstregulation profitiert davon, wenn sie bewundert werden und dominant auftreten können. Dann sind sie charmant und zeigen ein angenehmes Wesen. „Narzissten denken sehr positiv über sich selbst." „Im Rückblick auf frühere Paarbeziehungen werden Narzissten als spielerisch Liebende, untreu, flirtend, unehrlich, betrügerisch, überkontrollierend und manipulativ erinnert." (Bierhoff und Herner 2009).

Echoismus

Die Dreieckstheorie der Liebe von Sternberg (1997) beschreibt das Zusammenspiel von Bindung, Sexualität/Leidenschaft sowie Vertrautheit/Intimität, die getragen wird von Kommunikation, Selbstöffnung und Vertrauen. Die Vertrautheit/Intimität hängt auch von dem Ausmaß der Bindungssicherheit ab, lässt sich aber auf der Basis späterer positiver Beziehungserfahrungen auch sekundär erreichen. Ist dieses Dreieck durch eine mangelnde Bindungsfähigkeit geschwächt, so wird der Narzisst über seine Machtmechanismen die Kontrolle auch über die Sexualität suchen.

Häufig ergibt sich die Konstellation einer selbstunsicheren, vom eigenen Vater wenig wahrgenommenen Frau, die jetzt voller Anerkennung und Bewunderung von dem starken Partner schwärmt, der ihr seinerseits das Gefühl gibt, dass er sich ungeheuer für ihr Leben und sie selbst engagiert und interessiert. Dass sein Engagement die Projektion eigener Bedürfnisse und Interessen enthält, vermag sie zunächst kaum wahrzunehmen. Getragen von aktiver Sexualität und Idealisierung lässt sie sich formen, will sie seinem Begehren entsprechen und entgegenkommen und spürt im Verzaubertsein wenig von ihrer Selbstaufgabe. Im Langzeitverlauf sind dann diese Primärmotivationen, die sie zunächst begeistert aufgenommen hat, der Grund für die Trennung: Sein Interesse erlebt sie immer mehr als vereinnahmend, wenig wahrnehmend und es kommt dann zur Kernspaltung, wo sie ihr eigenes Selbst radikal gegen alles von ihm abgrenzen muss, sodass auch wenig Kompromisse möglich sind. So erlebt der Narzisst wieder, wie radikal und entwertend der andere sein kann und wie sehr er sich im Misstrauen bestärkt fühlt, den Liebespartner als egoistisch vorzufinden.

Narzisstische Beziehungen und die narzisstische Kollusion (Willi 2004) lassen sich also wie folgt zusammenfassen:

- Partner werden idealisiert, solange sie einen bewundern, und sie werden entwertet, kühl und herablassend behandelt oder fallen gelassen, wenn sie ihre Aufgabe als stützendes Selbstobjekt nicht mehr erfüllen. Das geschieht, wenn sie eine eigene Meinung vertreten, Kritik äußern, eigene Bedürfnisse vertreten oder sich im schlimmsten Falle von einem trennen.
- Partner werden idealisiert, weil sie die Größenfantasien der Betroffenen selbst leben und ihnen die Möglichkeit geben, eigene Minderwertigkeitsgefühle durch Teilnahme an ihrer Größe auszugleichen. Auch diese Konstellation schlägt in Entwertung um, wenn diese substitutive Funktion nicht mehr ausgeübt wird.

Liebesstile von Narzissten

Aus sozialpsychologischer Perspektive (Hendrick und Hendrick 1986) werden seit den 1980er-Jahren sechs Liebesstile unterschieden. Romantische Liebe sowie altruistische Liebe mit der Betonung des Wohls für das Bedürfnis des Partners stehen bei Verliebten hoch im Kurs. Für Paare, die sich aus einer Freundschaft entwickelt haben, sind vor allem auch gemeinsame Interessen und Aktivitäten wichtig. Diese drei Liebesstile sind in der deutschen Bevölkerung am häufigsten (Bierhoff et al. 1998).

Narzissten suchen in Paarbeziehungen Aufmerksamkeit und sexuelle Befriedigung, während emotionale Vertrautheit eher vermieden wird. Bei den Liebensspielen dominiert die spielerische Liebe (Ludus) mit der Betonung von sexueller Freiheit und dem Wunsch, den Partner zu verführen, ohne sich fest an ihn zu binden. Daneben finden sich die besitzergreifende Liebe (Mania) mit der Tendenz zur Eifersucht und als Drittes die Betonung des gemeinsamen Nutzes der Partnerschaft etwa für finanziellen Erfolg (Pragma).

Narzissten mit vulnerablem Selbstwertgefühl

Diese Narzissten versuchen, ihr Selbstwertgefühl mithilfe besitzergreifender Liebe zu stabilisieren.

Beispiel Der Patient, ein eher skrupulöser Narzisst mit verdecktem, verletzlichem Selbstwert, stabilisierte sich in der Partnerschaft, indem er seine attraktive, eher selbstunsichere Partnerin zunächst durch seine Extravertiertheit, Charme und intellektuelle Brillanz faszinierte. Weder in der Küche noch in handwerklichen Interessensbereichen seiner Frau konnte er ihr Autonomie und Förderung zugestehen, sondern musste überall besser sein. Mit Geschicklichkeit und Unehrlichkeit vertuschte er lange Zeit seine Untreue und seine Affären. Als seine Frau ihre Naivität langsam ablegte, revanchierte sie sich und offenbarte ihm ihre Untreue. Als sie schwanger war, unterstellte er ihr, dass das Kind nicht von ihm sei, und verfolgte sie mit rasender Eifersucht. Selbst der Vaterschaftstest konnte ihn nicht sofort von seiner Vaterschaft überzeugen. Er wurde nun phasisch depressiv, sodass er seine Partnerin auch nicht mehr mit seiner narzisstischen Wut und Entwertung verfolgen konnte, da sie mittlerweile so autonom war, dass sie ihm mit Trennung drohte. Im weiteren Verlauf idealisierte er seine Tochter, gab ihr die größte Zuwendung und versuchte, sie nun nach der Krise zu seinem Selbstobjekt zu machen und sich damit zu stabilisieren.

Robuste Narzissten

Robuste Narzissten mit positivem Selbstwert bevorzugen den spielerischen Liebesstil mit Bedürfnissen nach Macht und Autonomie. Durch die Vermeidung emotionaler Intimität und geringerem Interesse an den Bedürfnissen des Partners schützen sie ihren Selbstwert und wenden ihre Aufmerksamkeit auf alternative sexuelle Beziehungen. Erfolge in der sexuellen Parallelwelt wiederum stärken sie in ihrem Narzissmus. In neuen Beziehungen können sie ihre Trumpfkarte des Charmes und der Extravertiertheit erfolgreich einsetzen, die sich im Langzeitverlauf verliert.

Zusammengefasst zeigen die unterschiedlichen narzisstischen Persönlichkeiten für längere Beziehungen problematische Liebesstile, die mit einem romantischen Verständnis von Paarbeziehungen wenig zu tun haben.

Zur Attraktivität des Narzissten tragen Fähigkeiten bei, die ihm den Kontakt erleichtern: die Extravertiertheit, das elegante oder interessante Auftreten und das nach außen gekehrte Selbstbewusstsein. Wird jedoch grandioses Gebaren mit Prahlen, Exhibitionistischem und Ausbeuterischem offenkundiger, wird die Attraktivität rasch brüchig.

Beispiel Der Chefarzt einer Klinik unterhielt seine ausgewählten Gäste mit ausufernden Selbstdarstellungen seiner Erfolge, seiner wichtigen Kontakte und fand aus seinen Monologen nicht mehr heraus. Die freundlich nickenden oder bewundernden Gäste waren herausgefordert, sich über ihre eigene unterwürfige Anpassungsbereitschaft und falsche Bewunderung Gedanken zu machen.

Die entwertend-beleidigende oder zynische Grundhaltung eines Narzissten stabilisiert seinen robusten Selbstwert und macht ihn scheinbar unabhängig. Wird er jedoch verächtlich oder kritisierend behandelt, offenbart er seine hohe Verletzlichkeit und kann massiv mit narzisstischer Wut und Entwertung reagieren. Auf diesen Bumerangeffekt sollte man bei einem Narzissten gefasst sein, um nicht in eine Eskalationsschleife hineingezogen zu werden. Unterschiedliche Auffassungen, andere Sichtweisen werden zur „Majestätsbeleidigung".

8.32 Ist eine Paarberatung sinnvoll?

Die Frage ergibt sich aus der generellen Einschätzung, dass sich Narzissten kaum verändern und daher die Entwicklungsperspektive in der Partnerschaft eher aussichtslos sei. Dieses Urteil wird oft auch von Therapeuten unterstützt, die aufgrund der schwierigen Veränderungsmotivation – des geringen Leidensdrucks beim erfolgreichen Narzissten – von einer schlechten Prognose überzeugt sind.

Dieses Urteil können wir nicht teilen. Es kommt auf die narzisstischen Anteile und auf die klare Vereinbarkeit von gemeinsamen Veränderungszielen an.

Der häufigste Grund für eine Paarberatung ist die fortgeschrittene Trennungsabsicht des nichtnarzisstischen Partners. Da die emotionale Wahrnehmung eingeschränkt ist und die emotionalen Vorwürfe vom Narzissten schon vorwegnehmend verteidigt werden, ist es wichtig, erst einmal rational Ziele in kleinen Veränderungsschritten zu formulieren.

Beispiel Der 65-jährige Witwer, in seiner Berufszeit bis vor zwei Jahren erfolgreicher Manager, der mit autoritärem, machtvollem, durchgreifendem Stil die Firma führte, stand nun als Rentner als einsamer, zurückgezogener, sich ganz den Büchern und der Literatur widmender Mann in der Ecke. Seine vier Kinder hatten sich von ihm zurückgezogen, da sie ihn als unentwegt einmischend und besserwisserisch, belehrend und nicht empathisch empfanden. Der Witwer lernte eine ebenfalls pensionierte Frau kennen, die sich nicht wie seine verstorbene Frau bedingungslos unterwarf, sondern sich deutlich und klar in Kontroversen verstrickte. Durch ihre soziale Kompetenz taute das Familienleben wieder auf, der Witwer konnte in ihrem Windschatten plötzlich wahrnehmen, wie eingemauert er war und wie er durch sie wieder Zugang zu seinen Kindern erhielt. Er idealisierte seine Partnerin mit ihrer emotionalen Kompetenz und Intelligenz und war bereit, sich ihren Spiegelungen selbstkritisch auszusetzen. Auf dem Boden der Anerkennung seiner Stärken konnte er sich folgende Ziele setzen:

- Reflexion der von ihm nicht wahrgenommenen Bevormundung, Belehrung, Bemächtigung (Einmischung) als Grenzüberschreitung in die Integrität des anderen,
- Verstärkung des wohlwollenden Auges gegenüber dem Überkritischen, Toleranz gegenüber den Fehlern anderer, Selbstironie gegenüber seiner Unfehlbarkeit,
- Ergänzung der objektiven Wahrheiten durch subjektive, mehrdeutige Wahrheiten und Interesse für Empfindungen, Verhalten und Denken des anderen; Pflege von Neugier und Anerkennung,
- Umgang mit seiner narzisstischen Wut, die aufkommt, wenn er auf Dummheit, Unzulänglichkeit, Unfähigkeit stößt; Bearbeitung der Impulsivität mit Achtsamkeitstechniken,
- Spiegelung des machtvollen, egomanen Auftretens mit lauter Stimme und raumgreifenden Schritten; Übungen in taktvoller Zurückhaltung.

Der Partnerin gelang es hier, die Rolle des hilfreichen Spiegels einzunehmen. Notwendig war, dass sie keine gemeinsame Wohnung mit ihm bezog, sondern die Hälfte der Zeit für sich sein konnte, da der Prozess sehr kraftraubend war. Nach zwei Jahren bestätigte sie, dass in den monatlichen Sitzungen eine deutliche Veränderung in kleinen Schritten erfolgt sei. Dieses sehr pädagogisch wirkende Programm war jedoch getragen von der Emotionalität beider, da Verletzlichkeit und Kränkbarkeit hoch sensible Themen sind, wobei bei beiden Partnern der Humor ein hilfreiches und konstruktives Mittel war.

8.33 Sind Rachsucht und Eifersucht narzisstische Phänomene?

Betrug und Verrat

Beispiel 1: Rachsucht Die sehr attraktive Patientin hatte sich ganz dem Wunschbild ihres Mannes angepasst. Sie war sein Sprachrohr, teilte seine politischen Ansichten, war in allen Bereichen seiner Meinung. Er konnte sie als Ausdehnung seines Selbst, empfinden und über sie verfügen. Als er sie mit ihrer besten Freundin betrog, brach ihre ganze narzisstische Verletzlichkeit auf. Sie reagierte mit rasender Eifersucht, Rachsucht, trug die Affäre in die Öffentlichkeit und zeigte ihn beim Finanzamt an.

Beispiel 2: Rachsucht Die Patientin kam in einer narzisstischen Krise in Behandlung. Sie hatte über ein Jahr eine ideale platonische Liebe in Form einer Briefpartnerschaft gelebt. Nach mehreren erlebten und nicht verarbeiteten Trennungen sollte die poetische Liebesbeziehung ihren Zauber nicht verlieren, deswegen vermied sie den direkten Kontakt mit ihrem Brieffreund. Sie kannte ihn jedoch als Journalist aus dem Fernsehen, wo er ihr als intellektuell, sehr kritisch und hoch sensibel für Skandale imponierte. Der Zauber verflog, als sie seine Mailbox knackte und dort vier weitere verliebte Frauen entdeckte. In ihrer rasenden Gekränktheit und Rachsucht lud sie den Pseudologen, der ihr die Einzigartigkeit ihrer Liebe geschworen hatte, mit der Aussicht auf eine stürmische Nacht in eine Hotelsuite ein. Ebenfalls geladen waren die anderen Frauen, deren Adressen sie durch einen Detektiv hatte ausfindig machen lassen.

Eifersucht

In der Eifersucht können neben zwanghaften auch narzisstische Elemente dominieren, geleitet von frühen Verletzungen des Selbstwerts.

Beispiel Die Patientin, ein Papakind, wurde in ihrer Pubertät wegen ihrer Attraktivität vom Vater bewundert. Er zeigte sich gern mit ihr und ließ sie an seinen gesellschaftlichen Machtauftritten teilhaben. Als sie dann den ersten Freund hatte, verstieß der Vater sie und strafte sie mit Verachtung und Ignoranz. Diesen Mann und Vater ihres Sohnes verließ die mittlerweile erwachsene Frau nach vier Jahren – er war Alkoholiker und sie hatte Achtung und Interesse an ihm verloren. Mit dem zweiten Mann blieb sie 15 Jahre zusammen. Er sicherte ihr einen gesellschaftlichen Aufstieg, war angesehener Arzt, sie konnte jetzt ihre Ausbildung als Heilpraktikerin nachholen. Sie pflegten nach außen das Image des glücklichen Paares, intern lebten sie eine Geschwisterbeziehung ohne Sexualität. Aktuell führt sie erstmals mit 50 Jahren eine sexuell erfüllte Beziehung. Die Jahre zuvor hatte sie Männer vorher verlassen, um nicht selbst verlassen zu werden. Ihr 55-jähriger Partner, Witwer und Vater eines erwachsenen Sohnes, ist sehr verliebt in sie, wirbt aber vergeblich um eine vertrauensvolle Beziehung und nimmt seinen eigenen vermeidenden Bindungsstil nicht wahr. Die Patientin ist ständig in Unruhe, wenn er mit einer ehemaligen Partnerin telefoniert, SMS von Frauen erhält oder freundschaftliche Kontakte zu Frauen pflegt. Sie insistiert bohrend auf Details seiner Lebensgeschichte mit Frauen. Ihr Bedürfnis ist, einzigartig zu sein, und keine andere Frau soll ihr das Gefühl nehmen, in der Sonne zu stehen. Sie weist den Begriff „Eifersucht" von sich. Ihrer Ansicht nach brauche sie Sicherheit, Ignoranz von der Seite ihres Partners könne sie nicht ertragen. Er schildert ihre Gekränktheit als extreme hysterische Ausbrüche, auch in der Öffentlichkeit schreit sie und beschimpft ihn aufs Heftigste. Sie hat dann wenig Schamgefühl und Gespür für Grenzen. Er fühlt sich vorgeführt und bedauert diese hochgradige Impulsivität sehr, mit der sie ihn soweit auf Distanz bringt, dass sie sich von ihm wiederum ignoriert fühlt und dann einen Grund für ihre Ausbrüche hat. Hinter der offenkundigen, auch sexuellen Abhängigkeit steht eine hochgradige Selbstwertvulnerabilität mit der Suche nach Gründen, weswegen sie eventuell wieder in Gefahr geraten könne, verlassen zu werden.

8.34 Was ist meine Identität?

Das Nebeneinander verschiedener Beziehungsschemata

Die Nichtintegrierbarkeit leidenschaftlicher Sexualität mit Bindung insbesondere beim vermeidenden, bindungsunsicheren Patienten zeigt sich häufig in Aufspaltungen:

Beispiel Ein erfolgreicher Unternehmer beschreibt seine Partnerschaft als außerordentlich harmonisch. Die Sexualität beschreibt er dagegen als ein Gurkenbrot, welches es notwendig mache, dass er sein Chili außerhalb der Ehe suchte. Schließlich fand er eine Frau, die seinen spielerischen, aufregenden Sexwünschen entgegenkam und von der er nicht mehr lassen konnte. Besonders animierte ihn Sex vor dem Spiegel, nicht nur, weil er sich dort dank Viagra auch stolz in seinen Posen bewundern konnte, sondern auch, weil er neben den Deckenspiegeln vor allem Spiegel einsetzte, in denen er beobachtete, wie ihn seine Geliebte vor ihm kniend oral befriedigte. Er liebte es vor allem, passiv sein zu dürfen, womit er seine Partnerin indirekt kontrollierte. Das Macht-Ohnmacht-Spiel unter Kontrolle war ihm ein besonderer Genuss. Mithilfe der sexuell abwechslungsreichen Beziehung konnte er sich von seiner als „Madonna" beschriebenen Partnerin lösen, fühlte sich aber in der sexuell aufregenden Beziehung bald leer, sodass er in kürzester Zeit parallel zur vorhandenen wieder eine neue Beziehung anfing, mit einer mütterlichen Frau. Mit ihr hatte er rasch ein Kind. Zu diesem Kind konnte er psychisch jedoch keinen Kontakt herstellen, grenzte es aus und vernachlässigte es.

Der Hintergrund für seine parallel laufenden Beziehungsschemata war die fehlende Integrationsfähigkeit von sehr diskrepanten Schemata: Seine narzisstisch gestörte Mutter hatte ihn idealisiert. Er war Kronprinz, Prinzgemahl und unterwarf sich ihren perfektionistischen Leistungs- und Moralvorstellungen. Es herrschte absolute Korrektheit. Mit selbstgerechter Idealisierung in moralischen Fragen wurde verächtlich über primitive Menschen gesprochen. Preußische Tugenden wurden übersteigert gepflegt. Pünktlichkeit war oberstes Gesetz. Wer zu Geburtstagen zu spät kam, wurde grundsätzlich nicht mehr eingeladen. Christliche Tugenden waren im höchsten Maße Lippenbekenntnisse. Die sogenannte Nächstenliebe in der Familie verwirrte ihn schon als Kind, da mit extremer Verachtung und Ausschließung aus der Familie gearbeitet wurde, wenn man eine Schwäche zeigte. Eine schlechte Note, für die er sich bis in den Boden schämte, wurde als untragbar erachtet. Für die hervorragenden anderen Leistungen bekam er praktisch keine Anerkennung. Affektive Widersprüche wie aggressive Ausbrüche, die dem Ideal der Rationalität widersprachen, wurden ignoriert, verleugnet, ungeschehen gemacht. Die Wahrnehmung emotionaler Verletzung wurde ausgeblendet. Die Mutter konnte in einem Atemzug von ihren Trennungsabsichten und einem günstigen Angebot im Supermarkt sprechen. Besonders belastete ihn, dass sie, im Kontrast zur ihrem Verbot der Onanie, seinen Penis bis in die Pubertät hinein mit sichtlichem Vergnügen stimulierte. Hierin dürfte eine der Bedingungen für die Aufspaltung der Heiligen-und-Hure-Thematik liegen.

Die emotionale Vernachlässigung seiner Tochter könnte so erklärt werden, dass er als Bruder die Ausschließung seiner Schwester durch die Mutter und deren Ignoranz durch den abwesenden Vater sehr schuldhaft verarbeitete, sodass er diese Ausschließung jetzt auch seiner Tochter weitergab. Auch hier dürfte ein Selbstanteil auf die Identifikation mit der Mutter zurückzuführen sein.

Wie bei vielen Persönlichkeitsstörungen haben wir es mit dem Vorliegen von dissoziierten Persönlichkeitsschemata zu tun. Die Besonderheit bei narzisstischen Fällen sind die Kontraste zwischen absolut idealisierten Wertmaßstäben sowie Verleugnung und Abspaltung von Schwächen, Fehlern, „intolerablen Minderwertigkeiten". Die Spannungsfelder zwischen Moralideologien und unterdrückter bzw. abgespaltener Sexualisierung sind sehr typisch für eine narzisstische Problematik. Die Aufspaltung, die doppelte Wirklichkeit, ist nicht selten eine mehrdeutige unverbundene Wirklichkeit, sodass, wie in oben beschriebenen Fall, in der Familie mehrfache Wirklichkeiten absolut inkompatibel nebeneinanderstehen. Es handelt sich aber nicht nur um kognitive Widersprüche, sondern um absolut widersprüchliche emotionale Grundhaltungen.

Durch die Spaltung können widersprüchliche, polarisierte Selbstanteile und Gut-böse-Schutzmechanismen auseinandergehalten werden. Durch die nichterfüllte sexuelle Bedürftigkeit ist die Mutter, die das Kind zu übererregender Stimulation bringt, außerstande, empathisch für die Schamgefühle des Kindes zu sein.

Schützt Neid das vulnerable Selbst?

Der Neidaffekt ist ein zentraler narzisstischer Affekt. Eine typische Konstellation für Neidaffekte ist die Geschwisterkonkurrenz, in der beispielsweise Widersprüche nicht auflösbar sind: Der jüngere Bruder einer erfolgreichen älteren Schwester nimmt sich als Kronprinz, bewundertes und idealisiertes Kind wahr, welches gleichzeitig den Größenidealen der Eltern entsprechen möchte. Kränkungen haben narzisstische Qualität, treffen ihn im Kern, sodass der Neid auch gegen die Schwester ausgedrückt wird. Diese spielt ihre Überlegenheit zum Beispiel in den schulischen Leistungen aus. Er sieht sie als unerreichbar, nimmt gleichzeitig seine Schwäche fundamental wahr und kann nicht „kleine Brötchen backen", sondern solidarisiert sich mit anderen „Versagern" der Schulklasse. Er wird hier der Anführer und geht zunehmend nach der Maxime vor: „Wenn schon nicht der Größte, dann der Schwierigste und der Schrecklichste." Er konstruiert sein negatives grandioses Selbst.

Nach Kernberg (2006) ist eine erhöhte Aggressionsbereitschaft der Hintergrund dafür, dass die verletzlichen Selbstanteile und das idealisierte Selbst mit stark aggressiver Spannung verbunden sind. Hieraus resultieren eine geringe Frustrationstoleranz und eine schnelle narzisstische Wut bei Niederlagen auch im Spiel. Die Empfehlung, ein Kind dann tausendmal gewinnen zu lassen, damit es langsam verlieren lernt, hat für Eltern häufig den fahlen Beigeschmack der irrealen Verwöhnung, sodass das Augenmerk heute verstärkt auf Verbesserung der Aggressionstoleranz bei Kindern gelegt wird.

Der dünnhäutige Narzisst zeigt im ängstlichen Bindungsstil die vordergründige Unterwürfigkeit, Aggressionshemmung und Idealisierung anderer, wobei er seine Größenfantasien auf andere projiziert. Die Verletzlichkeit besteht in der Abhängigkeit zum Idealisierten, er ist entwertungsgefährdet und rettet sich zum Beispiel im Fallenlassen anderer.

8.35 Wie antisozial können Menschen mit narzisstischen Persönlichkeitsstörungen sein?

Im psychiatrischen Umfeld waren es früher vor allem sogenannte Psychopathen, die als gemütsarm und seelenlos beschrieben wurden, heute werden sie antisoziale Persönlichkeiten genannt, die durch Grenzüberschreitungen im persönlichen Bereich auffallen und auch Gewissens- und Rechtsgrenzen überschreiten. Da diese kleine, aber markante Gruppe ebenfalls ein großes Spektrum an Störungen aufweist, sollen hier einzelne Grundtypen beschrieben werden.

Der ausbeuterische Narzisst

Wie bei allen Persönlichkeitsstörungen können widersprüchliche Tendenzen ein- und derselben Person sehr typisch sein, zum Beispiel der gewissenhafte, hochmoralische Staatsbürger, der seine Steuern hinterzieht – ein Vergehen, welches in sehr unterschiedlichem Umfang kriminelles Potenzial enthalten kann. Dazu gehört auch der Politiker, der sich von Privatpersonen oder Banken überdosiert für Leistungen bezahlen lässt.

Der Fälscher

Neben blindwütigem Diebstahl geistigen oder auch materiellen Eigentums sind es heute besonders die perfektionistischen, narzisstischen Fälscher wie Gemäldefälscher, die mit höchsten Fertigkeiten Kunstwerke kopieren oder unter dem Namen eines bekannten Künstlers neu schaffen. Wissenschaftliche Arbeiten, die interessante Ergebnisse versprechen, in denen jedoch einige Daten stören, werden gefälscht. Umfangreiche Datenfälschungen in allen Bereichen von der Wissenschaft bis hin zum Bankenwesen werden heute mehr und mehr aufgedeckt. Die Plagiate von Doktorarbeiten, wie vergessene Zitierungen, waren immer schon üblich. Die Vergehen reichen von kleinen Nachlässigkeiten bis zum massiven Gedankendiebstahl. Also auch hier sind moderne Recherchemethoden mithilfe von Datenbanken in der Lage, das Ausmaß der Grenzüberschreitung zu differenzieren, während die narzisstisch spiegelnde Gesellschaft alle Vergehen ohne Differenzierung verfolgt. Die Vergehen in Wissenschaft und Wirtschaft dürften nur die Spitze des Eisbergs sein.

Narzissmus am Gartenzaun

Die Psychopathologie des Alltagslebens findet sich in unzähligen Kleinkriegen vor Gericht wieder: der Baum zu nahe am Gartenzaun, die überhängenden Zweige, die territorialen Regeln des Zusammenlebens, die Geräuschbelästigungen und die vielen Alltagskonflikte, die dann vor Gericht narzisstische Dimensionen im Sinne von Michael Kohlhaas' Streitlust annehmen können, belasten auch unsere Justiz.

Immer ist zu berücksichtigen, dass bei Extremausprägungen wie Gerechtigkeitsfanatismus auch der Gegenpol, die Blindheit für eigene Schwächen und Ungerechtigkeiten, beachtet werden sollte.

8.36 Wie grausam kann der empathiegestörte Narzisst sein?

Auch hier steht auf der einen Seite des Spektrums der vulnerable, hoch verletzliche Narzisst, der andere aufgrund seiner Empathiestörung taktlos ungeschickt oder verletzend-zynisch entwertet und sich dadurch zunehmend in seinem narzisstischen Rückzug isoliert. Die machtvoll destruktive Variante sind Menschen mit Empathieschwäche und ausnutzendem Verhalten bis hin zu völlig mitgefühlgestörten antisozialen Persönlichkeiten, die „über Leichen gehen" können. Die extremste Form sind dann Sadisten, die sich am Schmerz anderer und am Foltern lustvoll weiden.

Autistisch-schizoide Persönlichkeitsstörungen

Sie umfassen ein Spektrum von hochverletzlichen Menschen, die sich aufgrund der mehr oder weniger ausgeprägten Empathiestörung sozial nicht einbinden können und in einer sozialen Nische isolieren. In ihrer Innenwelt haben sie jedoch meist grandiose Machtfantasien mit Vernichtungsfantasien beneideter Menschen und unwerten Lebens. Sie zeigen Verachtung für dumme und weniger leistungsfähige Menschen. Auch sadistische Fantasien, persönliche „Horrorfilme", können ein grandioses Ausmaß im Innenleben einnehmen.

Der menschliche Ausbeuter

Es ist der menschliche Ausbeuter, der andere als Bewunderer instrumentalisiert und sie teilhaben lässt an Ruhm und Glanz, sie aber gnadenlos fallen lässt, wenn diese nicht mehr gebraucht werden. Fehlende Bindungsgefühle, Kälte bei Trennungen, fehlende Dankbarkeit sind typisch, wenn unterstützende Teams nicht mehr benötigt werden. Kalte Berechnung begleiten Aufstiegskarrieren. Die gelernte Empathie für die Nützlichkeit hilfreicher „Wasserträger" kann sehr ausgeprägt sein. In dem Moment, wo die Helfer und Bewunderer zum Konkurrenten werden, kann der Ausbeuter sie kalt bekämpfen.

Die antisoziale Persönlichkeit

Der Empathiemangel ermöglicht auch eine völlige Gefühllosigkeit und Kälte dem Opfer gegenüber. Die dargestellten Verletzlichkeiten im eigenen Selbst, Außenseiter oder andersartig zu sein, werden nun im anderen gnadenlos und vernichtend bekämpft. Hierzu gehören die Phänomene der Judenverfolgung, der Verfolgung von Minderheiten, die mörderische Rachsucht und Eifersucht, die dann unter hohem Stress auch Anteile mörderischer Wut und sadistischer Freude enthalten können, was einem verantwortlichen und kompetenten Anteil in der Persönlichkeit nicht automatisch widerspricht. Die Schwarz-weiß-Komponenten von gestörten Persönlichkeiten sind nicht zuletzt faszinierender Stoff für Kriminalfilme. Das narzisstische Element ist dabei immer die Grandiosität und die Grenzenlosigkeit, die rauschhafte Steigerungsnote, verdeckte und triebhaft gesteuerte Verletzungssucht.

Die suchtartige Umkehrung erlebter Grenzüberschreitung gegenüber der eigenen Person in Form von rachsüchtigem Verhalten, Stalking, korrupter Ausbeutung, Misshandlung von Hilflosen und Schwachen, sexuellem Missbrauch von Abhängigen und viele andere Grenzüberschreitungen können narzisstisch geprägt sein, indem selbst Erlebtes dem anderen in extrem erweiterter Form zugefügt wird. Der Teufelskreis von absoluter Macht und Ohnmacht wird grandios wiederholt.

Die Gruppe als Antrieb für den Narzissmus

Die Ausschaltung des Gewissens und die rauschhafte Selbstentgrenzung in Form suchtvoller Gewalt kann in Gruppen von Jugendlichen in absoluter Unterwerfung unter einen Anführer (z. B. bei Hooligans) beobachtet werden.

Diese massenpsychologisch begründete Grandiosität, die individuelle Schuld und Verantwortung auflöst, macht eine Radikalisierung möglich. In der Gewalt kann die Selbstaufgabe bis zur Selbstvernichtung möglich sein und im Windschatten ideologischer Grandiosität und narzisstisch-religiöser Ideale ist die grandiose Verschmelzung unter einem Idealziel möglich.

8.37 Der Lack ist ab – Wie ertragen wir narzisstische Krisen im Alter?

Die Altersforschung unterstreicht die enormen Veränderungen, die Alterungsprozesse heute zeigen. Die zeitliche Ausdehnung dieses Lebensabschnitts hat Raum für zusätzliche Entwicklungsprozesse geschaffen. 70-Jährige fühlen sich heute deutlich jünger und sind auch in ihrem gesundheitlichen Zustand durchschnittlich jünger als früher. In Umkehrung des früheren Defizitmodells wird heute gerne ein idealisiertes Altenbild dargestellt. Das frühe Altern wird als das dritte Lebensalter idealisiert, in dem Passungsprozesse und Defizite geschönt und Normen der Fitness und Schönheit aufrechterhalten werden. Schon C. G. Jung hat festgestellt, dass im Alter vor allem Auseinandersetzungen mit Gefühlen der Sinn- und Wertlosigkeit aufkommen. Die narzisstischen Krisen sind vor allem auf Verluste bezogen: Verlust der sozialen Anerkennung im Beruf, nachlassende kognitive Leistungsfähigkeit, durch die Individualisierung bedingte Vereinsamung, Zunahme krankheitsbedingter Einschränkungen usw.

Die neu gewonnenen Jahre bieten jedoch gleichzeitig einen Raum für die Herausforderung, nach produktiven und kreativen Lösungswegen für die zur Verfügung stehende Zeit zu suchen.

Äußere narzisstische Attribute des Glanzes wie Schönheit, beruflicher Einfluss, materielle Güter verlieren an Bedeutung. Die mit der Macht assoziierten sogenannten Freunde verlieren jegliches Interesse. Die Berufskollegen lassen den Machtmenschen ins Niemandsland fallen. Mit dem Verlust der körperlichen Attraktivität, von Kraft und Beweglichkeit lassen auch die sexuellen Fähigkeiten nach. Die Aneignung neuen Wissens ist durch die Verlangsamung der Lernvorgänge eingeschränkt. Die Zuverlässigkeit von Gedächtnisleistungen ist reduziert. Die Selbstzweifel, in der Gesellschaft der Jungen und Vitalen fossil zu sein, sind fast unvermeidlich. Dies ist die normative narzisstische Krise des Alterns.

Was mildert die narzisstische Krise?

Wichtig ist, wie der Trauer-Veränderungs-Prozess schon mit der zweiten Lebenshälfte initiiert wurde, wie es gelang, sich von Zielen zu trennen und Bewertungsmaßstäbe zu korrigieren. Vieles verliert an Bedeutung. Das Gefühl, bestimmte Anerkennungen häufig und immer wieder zu haben, kann den Abschied erleichtern. Insbesondere gesellschaftlich hoch angesehene Ziele, denen die Persönlichkeitsentwicklung untergeordnet wurde, können jetzt verabschiedet werden, was dem Kern der eigenen Persönlichkeit mehr Authentizität und Wahrhaftigkeit bringen kann. Ehrgeizige Erfolgsziele werden mit Gelassenheit relativiert. Wenn diese Anpassungsflexibilität misslingt, sind doch eher Erstarrungsprozesse zu erwarten.

Beispiel Der Manager einer großen Firma wurde völlig unerwartet bei einer Umstrukturierung trotz großer Erfolge in die Frühpensionierung geschickt. Er war verbittert, zornig und in seiner Familie unerträglich. Ein Herzinfarkt 18 Monate nach der Pensionierung warf ihn völlig aus der Bahn. Allerdings nahm er die Bedrohlichkeit der körperlichen Krise nicht wahr und begann nach der Rehabilitation, sofort wieder Berge zu besteigen. Er versuchte, seine Gereiztheit nun im Familienumfeld auszuleben. Nach dem „Blitzentzug" von der Arbeitssucht konnte er seine Stimmungslabilität nun nur noch mit Alkohol abpuffern. Kinder und Ehefrau distanzierten sich, sodass er als griesgrämiger, verbitterter Alter seine Kinder entwertet, die es zu nichts bringen würden. Früher habe man das Alter geehrt, auf die Meinung alter Menschen gehört und heute habe er das Gefühl, dass alle nur noch auf sein Ableben und auf sein Erbe warten würden. Er sei von Ignoranz und Undankbarkeit umgeben. Alles das, was er anderen vorenthalten hat, möchte er nun einklagen – vergebens.

8.38 Wie gefährlich sind suizidale Krisen?

Akute suizidale Krisen beruhen meist auf Verletzung des Selbstwertgefühls durch Kränkungen. Im Alter sind die zunehmende Abhängigkeit bei der Versorgung, die Bedrohung der Autarkie, des Einflusses und der Macht Grundlagen für die Kränkbarkeit. Das Gefühl der Verlorenheit und des Ausgestoßenseins kann die Sehnsucht verstärken, in der fantasierten Symbiose geborgen zu sein. „Ich wollte endlich Ruhe haben", ist eine typische Äußerung des Suizidanten. Vom Suizid wird Spannungsfreiheit, ein Ende der Schmerzen und sanfte ewige Ruhe erhofft. Die Ohnmacht des Geschehenlassenmüssens in der Krankheit, im Siechtum, lässt den Suizid als eine aktive Lösung, als letzte

Selbstbestimmung wählen. Nur so lässt sich die Zeit anhalten und der Depression entkommen.

Beispiel Der 62-Jährige selbständige Unternehmer ist seit fünf Jahren an einem chronischen Lungenemphysem erkrankt. Er musste sein Hobby, die Fliegerei, aufgeben, hatte im Grunde nie wirkliche Freunde, tönte aber in Männercliquen als Macho und prahlte mit seinen sexuellen Eroberungen. Seine Frau verließ ihn, nachdem die Kinder selbständig waren, hatte aber ständige Schuldgefühle. Mit zunehmenden gesundheitlichen Krisen, die ihn immer wieder ins Krankenhaus brachten, war er zunehmend abhängig von seiner Frau. Er konnte sich nun nicht mehr mit Affären trösten und sie provozieren, sondern sah sich hilflos ausgeliefert. Er schikanierte sie, verweigerte jede Dankbarkeit. Dennoch war sie in ihren Trennungsschuldfühlen so massiv beeinträchtigt, dass sie, nachdem er nicht mehr arbeitsfähig war, beschloss, ihn zu Hause zu pflegen. Als er dies erfuhr, erlebte er eine massive Ohnmachtsattacke. Als seine Frau ihn dann am Abend das Essen kochen wollte, hatte er sich auf dem Wohnzimmersofa erschossen.

Der Suizid kam nicht überraschend. Er hatte dies immer als eine einzige Lösung angedeutet. Der Moment der Wiederannäherung brachte ihn jedoch in eine Abhängigkeitskrise. Die Ehefrau blieb nun in schwersten Schuldgefühlen innerlich an ihn gebunden, konnte sich in ihren Depressionen nur noch selbst den Tod wünschen und musste sich einer Therapie unterziehen.

8.39 Wirkt eine Therapie?

Da narzisstische Grandiosität ein Selbstschutz in Form eines Selbstheilungsversuchs ist, ergibt sich selten Leidensdruck, Behandlungsbedarf und Veränderungsmotivation. Der Leidensdruck kann aber auf verschiedene Weise entstehen:

- Der Preis für die Vollkommenheit im Leistungsbereich ist die Selbstausbeutung, das geringe Gefühl für sich selbst, die bedingungslose Unterwerfung unter Leistungs- und Machtideale, die Unfähigkeit, Ziele zu korrigieren, um damit mehr Gefühl für sich selbst zu haben.
- Im Prinzip „Leistung statt Liebe" herrscht der Antagonismus von Macht/Anerkennung und Beziehung/Abhängigkeit. Hier ist der Preis für die oberflächliche Bewunderung anstelle der Anerkennung in einer mitgefühlsgetragenen Beziehung die Einsamkeit.
- Leidensdruck entsteht durch Trennung, ausgelöste Verletzung im Kernselbst, konfrontiert mit Verlassenheit, Verletzung und Fallen-gelassen-Werden. Hieraus kann Panik, Suizidalität resultieren.

- In diesen meist krisenhaft ausgelösten Verletzungsbereichen sind auch die lebenszyklischen Umstellungsphasen Adoleszenz, Midlife-Crisis und insbesondere das Alter relevant. Die Fähigkeit der Selbststabilisierung durch Macht, Erfolg, Leistungsanerkennung und Bewunderung oder die Verherrlichung der Schönheit sind begrenzt. Alle Gratifikationen stehen im Alterungsprozess zur Verarbeitung an und stellen auf den Prüfstand, inwieweit Trauer, Verlust und depressive Episoden zugelassen werden können.

Die Therapieerfolge werden heute gerade angesichts der Vielfalt narzisstischer Krisen, abgesehen von schweren Persönlichkeitsstörungen, als durchaus positiv gesehen.

Ausgehend von psychoanalytischen Forschungen Mitte der 1970er-Jahre zum robusten narzisstischen Typus (Kernberg 2006)und dem vulnerablen Typus (Kohut 1979), hat sich eine ungeheure Verzweigung der psychodynamischen Techniken zur Behandlung dieser Persönlichkeitsstörung weiterentwickelt. Diese richten sich vorrangig an der individuellen Situation der Verletzlichkeit aus, die, wie dargestellt, ein extrem unterschiedliches Spektrum haben kann. Menschen mit narzisstischer Verletzlichkeit sind sehr sensibel für die Genauigkeit des individuellen Verständnisses. Auch die eigenen Kränkungen vor dem Hintergrund unbewusster emotionaler Regulationsschwierigkeiten machen ihnen sehr zu schaffen. Dies erklärt, warum sehr viele Patienten Langzeittherapien und Psychoanalysen aufsuchen, um im Schutz einer vertrauensvollen Beziehung Sicherheit aufbauen zu können. Diese Entwicklungsorientierung ist sehr aufwendig. Aufwendig ist aber auch die Integration verpönter oder verachteter Selbstanteile, die bisher nach außen abgeführt und auf andere Menschen projiziert wurden, in das verletzliche Selbst. Dadurch werden intensiv Schamgefühle aktiviert, die bisher durch Verachtung und Aggression geschützt wurden.

Hilfreich ist auch ein kognitives Verständnis der eigenen verletzlichen und grandiosen Selbstanteile, wie sie durch Spiegelung von anderen beschreibbar sind und damit erst einmal der Reflexion zugänglich gemacht werden. Diese sogenannte mentalisierungsbasierte, die Selbstreflexion fördernde Therapie (Bateman und Fonagy 2008) hat sich als sehr wirksam erwiesen. Auch in Gruppentherapien, in denen der Verachtungs/Neid-Affekt in Form des Gesichtsausdrucks anderer gespiegelt wird, kann der Selbstwahrnehmung äußerst dienlich sein, da dieser Affekt nicht vom Betroffenen wahrgenommen wird.

Die Nachfrage nach Büchern zur Therapie narzisstischer Persönlichkeiten ist auch dadurch angestoßen, dass heute sehr viele Patienten, sei es durch berufliche, körperliche oder Beziehungskrisen, häufig auch von Freunden unterstützt, Therapie suchen. Sowohl stationäre Therapien als auch Rehabilitationsbehandlungen (Herzinfarkt, Schmerz, körperliche Erkrankungen) sind erst durch ein tieferes Verständnis narzisstischer Persönlichkeitsanteile nachhaltig wirksam. Der Zugang über die individuell unterschiedlichen Leitaffekte im Rahmen der Verletzlichkeitsverarbeitung macht heute eine viel zielgerichtetere Therapie möglich als früher.

Ein Patient sagte am Ende der Therapie, in die er in einer Rehabilitationsklinik nach einem Herzinfarkt zunächst durch Zufall geraten war: „Ich habe zunächst überhaupt keine Probleme gesehen, fühlte mich stark und unverletzlich. Meine Kindheit schien mir normal, mein Leistungsstreben erfolgreich, wie meine ganze berufliche Karriere. Von der Familie hatte ich wenig, da mir keine Zeit blieb. Heute sehe ich dies alles als Flucht, als Angst vor meiner eigenen Verletzlichkeit und meinen Sehnsüchten. Wie es kommen konnte, dass mir das alles nicht zugänglich war, hat mir Nietzsche vermittelt, den ich nun endlich verstehe. Hinzufügen möchte ich, dass ich mich nun auch erinnern konnte, was mir angetan wurde und wie ich dies in eigene Härte umgesetzt habe."

Zur Verleugnung der Realität
„Das habe ich getan", sagt mein Gedächtnis.
„Das kann ich nicht getan haben", sagt mein Stolz und bleibt unerbittlich.
Endlich gibt das Gedächtnis nach.
(Nietzsche 1886)

Literatur

Verwendete Literatur

Altmeyer, M. (2004). *Narzissmus und Objekt. Ein intersubjektives Verständnis der Selbstbezogenheit*. Göttingen: Vandenhoeck & Rupprecht.

Bateman, A. W., & Fonagy, P. (2008). *Psychotherapie und Borderline-Persönlichkeitsstörung. Ein mentalisierungsgestütztes Behandlungskonzept*. Gießen: Psychosozial-Verlag.

Bauer, J. (2011). *Schmerzgrenze – Vom Ursprung alltäglicher und globaler Gewalt*. München: Blessing.

Benjamin, J. (1993). *Die Fesseln der Liebe*. Basel: Stroemfeld.

Bierhoff, H. W., & Herner, M. J. (2009). *Narzissmus – die Wiederkehr*. Bern: Hogrefe.

Bierhoff, H. W., Schwennen, C., & Pietsch, G. K. (1998). Liebe und Partnerschaft in Ost- und Westdeutschland. *Gruppendynamik, 29*, 393–402.

Brecht, B. (1967). *Gesammelte Werke – Werkausgabe*. Berlin: Suhrkamp.

Busch, W. (1975). *Kritik des Herzens*. München: Bassermann.

Campbell, W. K., Brunell, A. B., & Finkel, E. J. (2006). Narcissism, interpersonal self-regulation and romantic relationships: An agency model approach. In K. Vohs, & E. J. Finkel (Hrsg.), *Self and relationships. Connecting intrapersonal and interpersonal processes* (S. 57–83). New York: Guilford.

Dammann, G. (2012). Narzissmus – Wichtige psychodynamische Konzepte und ihre Auswirkungen auf die klinische Praxis. In G. Dammann, J. Sammet, & B. Grimmer (Hrsg.), *Narzissmus. Theorie, Diagnostik, Therapie* (S. 15–50). Stuttgart: Kohlhammer.

Deneke, F. W., & Hilgenstock, B. (1989). *Das Narzissmusinventar (NI)*. Göttingen: Hogrefe.

Freud, S. (1914). *Zur Einführung des Narzissmus*. Gesammelte Werke, Bd. X, S. 138–170). Frankfurt/Main: Fischer.

Gabbard, G. O. (2010). *Psychodynamische Psychiatrie. Ein Lehrbuch*. Gießen: Psychosozialverlag.

Gaitanides, M. (2004). There is no business like show business: Manager, die Stars der Moderne?. In G. Müller-Christ, & M. Hülsmann (Hrsg.), *Modernisierung des Management*. Wiesbaden: Deutscher Universitätsverlag.

Gergely, G., & Watson, J. (2004). Die Theorie des sozialen Biofeedbacks durch mütterliche Affektspiegelung. *Selbstpsychologie, 17/18*, 143–194.

Hendrick, C., & Hendrick, S. (1986). A theory and method of love. *J Pers Soc Psychol, 50*, 392–402.

Hoffmann, S. O., & Hochapfel, G. (2004). *Neurotische Störungen und psychosomatische Medizin* (7. Aufl.). Stuttgart: Schattauer.

Isaacson, W. (2011). *Steve Jobs*. München: Bertelsmann.

Kernberg, O. F. (Hrsg.). (1996). *Narzisstische Persönlichkeitsstörungen*. Stuttgart: Schattauer.

Kernberg, O. F., & Hartmann, H. P. (Hrsg.). (2006). *Narzissmus. Grundlagen – Störungsbilder – Therapie*. Stuttgart: Schattauer.

Kernberg, P. (2006). *Spiegelbilder*. Stuttgart: Klett-Cotta.

Kiesler, D. J. (1983). The 1982 interpersonal circle: A taxonomy for complementarity in human transactions. *Psychol Rev, 90*, 185–214.

Kohut, H. (1979). *Die Heilung des Selbst*. Frankfurt/M: Suhrkamp.

Lasch (1988). *Das Zeitalter des Narzissmus*. München: dtv.

Leinemann, J. (2004). *Höhenrausch*. München: Blessing.

Neumann, E., & Bierhoff, H. W. (2004). Ichbezogenheit versus Liebe in Paarbeziehungen: Narzissmus im Zusammenhang mit Bindung und Liebesstilen. *Z Sozialpsychol, 35*, 33–44.

Nietzsche F (1886) Jenseits von Gut und Böse. Vorspiel einer Philosophie der Zukunft. Viertes Hauptstück: *Sprüche und Zwischenspiele*, Aphorismus Nr. 68

Pfaundler, H. M. (1915). Physiologie des Neugeborenen. In A. Döderlein (Hrsg.), *Handbuch der Geburtshilfe* Bd. I Wiesbaden: Bergmann.

Resch, F., & Möhler, E. (2006). Entwicklungspsychologie des Narzissmus. In O. F. Kernberg, & H.-P. Hartmann (Hrsg.), *Narzissmus. Grundlagen – Störungsbilder – Therapie* (S. 37–70). Stuttgart: Schattauer.

Ruhrmann G, Göbbel R (2007) Veränderung der Nachrichtenfaktoren und Auswirkungen auf die journalistische Praxis in Deutschland. Abschlussbericht für Netzwerk Recherche e. V.

Saß, H., Wittchen, H.-U., Zaudig, M., & Houben, I. (2003). *Diagnostisches und statistisches Manual psychischer Störungen – DSM-IV-TR*. Göttingen: Hogrefe.

Skaletz, C., & Seiffge-Krenke, I. (2010). Models of developmental regulation in emerging adult head and links to symptomatology. *New Dir Child Adolesc Dev, 130*, 71–82.

Sternberg, R. J. (1997). Construct validation of a triangular love scale. *Eur J Soc Psychol*, *27*, 313–335.

Wardetzki, B. (2012). *Weiblicher Narzissmus*. München: Kösel.

Willi, J. (2004). *Die Zweierbeziehung. Spannungsursachen – Störungsmuster – Klärungsprozesse – Lösungsmodelle* (16. Aufl.). Reinbek: Rowohlt.

Winnicott, D. W. (1974). *Reifungsprozesse und fördernde Umwelt*. München: Kindler.

Weiterführende Literatur

Burton, R., & Williams, C. (Hrsg.). (2012). *The Richard Burton diaries*. New Haven: Yale University Press.

Defoe, D. (2012). *Robinson Crusoe*. Stuttgart: Reclam.

Fest, J. C. (1973). *Hitler*. Berlin: Propyläen.

Gabbard, G. O. (1989). Two subtypes of narcissistic personality disorders. *Bulletin of the Menninger Clinic*, *53*, 527–532.

Gergely, G., & Unoka, Z. (2011). Bindung und Mentalisierung beim Menschen. Die Entwicklung des affektiven Selbst. *Psyche. Z Psychomed*, *65*, 862–899.

Grawe, K., Donati, R., & Bernauer, F. (2001). *Psychotherapie im Wandel*. Göttingen: Hogrefe.

Handy, C. (2000). *21 ideas for managers*. San Francisco, CA: Jossey-Bass.

Krishnan, V. R., & Singh, N. (2008). Self-sacrifice and transformational leadership: mediating role of altruism. *LODJ*, *29*, 261–274.

Kuhn, T. S. (1973). *Die Struktur wissenschaftlicher Revolutionen*. Berlin: Suhrkamp.

Obrist, H.-U. (1996). *Gerhard Richter, Text. Schriften und Interviews*. Frankfurt: Insel.

Schirrmacher, F. (2013). *EGO Das Spiel des Lebens*. München: Blessing.

Sloterdijk, P. (2012). *Zorn und Zeit*. Frankfurt am Main: Suhrkamp.

Sprenger, B. (2005). *Im Kern getroffen*. München: Kösel.

Stirn, A. (2004). Die Selbstgestaltung des Körpers. Narzisstische Aspekte von Tattoo und Piercing. *Psychotherapie im Dialog*, *5*, 256–260.

Toland, J. (1977). *Adolf Hitler. Biographie 1889–1945*. Bergisch Gladbach: Lübbe.

Wiedinger, N. (2013). Zu Peter Sloterdijks Zorn und Zeit. In J. Böllhoff, & N. Wiedinger (Hrsg.), *Wir segeln in unerforschten Gewässern*. Marburg: Metropolis.

Sachverzeichnis

A
Abschied von der Macht, 49
absolut Böser, 54
absolut Guter, 54
Abwertungsmuster, 58
Adoleszent, 100
Adoleszenz, 55, 102
Affektabstimmung, 92
agentische Eigenschaft, 112
Aggressionsbereitschaft, 139
Aggressivität, 119
Alkoholsucht, 124
Allmachtfantasie, 82
Altruismus, 10
Ambiguitätstoleranz, 98
american way of life, 16
Anerkennung, 80
Anerkennungssuche, 87
Angstthema, 51
antisozial, 140
antisoziale Persönlichkeit, 142
Archetyp des Helden, 66
Arroganz, 90
Aufspaltung, 137
Aufwertungsmuster, 58
Ausbeuter, 142
ausbeuterischer Narzisst, 140
Ausgrenzung, 101
Außenfeind, 28
Austesten der Grenzen, 103
autistisch-schizoide Persönlichkeitsstörung, 141

B
Banker, 56
barmherziger Samariter, 11
Bedürfnis nach Anerkennung, 56
Beifall, 56
Benz, C., 69
besitzergreifende Liebe, 133
Betriebsklima, 73
Betrug, 136
Bewunderung, 88, 111
Beziehungsachse, 119
Beziehungsfähigkeit, 6
Beziehungskrise, 115
Beziehungsschema, 137
Beziehungstraumatisierung, 128
Bindung, 93
Bindungsbedürfnis, 6
Bindungsdynamik, 93
Bindungsfähigkeit, 6
Bühne, 56
Burn out, V
Burton, R., 36
Busch, W., 43
Businessheld, 66

C
celebrity, 60
Champion, 55
Charisma, 52
charity, 74
chassidische Geschichte, 19

D
Das Zeitalter des Narzissmus, V
Depression, 110
Des Kaisers neue Kleider, 42
destruktiver Narzissmus, 84
diagnostische Kriterien im DSM-IV, 87

im DSM-V, 88
Don Juanismus, 130
Droge, 123
   Wichtigkeit und Bedeutung, 48
dysfunktionale Machtausübung, 42
dysfunktionale Struktur, 15

E
Echo, 114
Echoismus, 132
Egoismus, 10
Egomane, V
Egozentrismus, 80
Ehrgeiz, 113
Eifersucht, 133, 136
Elisabeth von Thüringen, 27
Empathie, 87, 126
Empathieschwäche, 141
Entwertungstrauma, 111
Entwicklungspsychologie, 95
Entzugserscheinung, 49
Erziehungsstil, 94, 106
eurozentrische Weltsicht, 11
Exzess, 62

F
Fälscher, 140
Fälschung experimenteller Ergebnisse, 61
Familienstil, 106
Fanclub, 57
Fangruppe, 101
Faschismus, 17
Fest, J., 49
feudale Ordnung, 17
Filmstar, 32
finanzielle Korruption, 68
Fluktuation, 74
Flussgott Kephissos, 4
Ford, H., 67
fragiles Selbst, 124
Friedrichs II, Staufenkaiser, 25
Frustration, 123
Führungskraft, 72

G
Geistesblitz, 60
Geld, 66
Genie, 54, 59
   und Wahnsinn, 59
George, D. L., 49
Geschwisterrivalität, 95
gespaltenes Elternpaar, 110
gesunder Narzissmus, V
Glamourpaar, 32
Glanz im Auge der Mutter, 25
Göttin Nemesis, 4
grandioser Erretter, 50
grandioser Pol, 34
grandioses Selbst, 81
Grandiosität, 45, 101
Grenze, 94
Grenzüberschreitung, 135
Größenfantasie, 49
Größenselbst, 81
Gruppenidentität, 102
Gruppenzusammenhalt, 28
Guizot, F., 19
Gut-böse-Bewertung, 11
Gut-böse-Schema, 46

H
Handlungsorientierung, 112
Handy, C., 71
harte Familiennorm, 111
Häufigkeit, 88
Hautkontakt, 105
Herzinfarkt, 117
Hilfsempfänger, 14
Hilfsorganisation, 14, 74
Hilfssystem, 14
Hitler, A., 45
Hochmut, 27
Hoeneß, U., 56
Homo oeconomicus, 18
human touch, 51
Humor, 136
hypervigilant, 104

I

Ichbezogenheit, 19
Ich-Grenze, 101
idealer Partner, 114
Idealisierung, 127
Idealselbst, 98
Identität, 89, 137
Identitätsdiffusion, 103
identitätsstiftende Macht, 58
Ideologie, 86
Idol, 59
Ignoranz, 105
Image, 54
Industrialisierung des Massenmords, 47
industrielle Entwicklung, 69
inneres Minderwertigkeitsgefühl, 73
Integrationsfähigkeit, 84
interpersonelle Strategie, 112
Isaacson, W., 70
IT-Firma, 66
It-Girl, 60

J

Jackson, M., 62
Jobs, S., 69
Jolie, A., 32

K

karitative Organisation, 74
karoshi, 13
Kernselbst, 82
Kleinheitsselbst, 81
klösterliche Gemeinschaft, 16
kohärentes Selbst, 92
Kohut, H., 25
kollektive Ekstase, 50
kollektive Seele, 49
Kollusion, 33
kollusive Inszenierung, 45
kollusiver Rausch, 45
Kommunikationsregel, 23
kommunikativer Spiegelungsprozess, 24
Königshaus, 32
Körpererleben, 103
körperliche Erkrankung, 117
Kränkung, 50
Kränkungstoleranz, 94
Krise im Alter, 143
Kult des Individualismus, 37
kultureller Imperialismus, 18

L

Langzeittherapie, 146
Lebensverhältnis, 41
Leere, 114
Leidenschaft, 129
Leistung, 106
Leistungskörper, 117
Liberalität, 67
Liebesgöttin Aphrodite, 4
Liebesstil, 133
Looser, 18

M

Macht, 41, 113, 125
Machterotik, 129
Management, 71
Managementliteratur, 73
Manager, 56
männlicher Narzissmus, 118
Massengesellschaft, 37
Massenmedien, 51
massenpsychologisch, 143
mediale Präsenz, 36
Mediendemokratie, 41
Menschenrechte, 17
menschliche Kommunikation, 22
menschlicher Reifungsprozesss, 26
mentale Ausstattung, 17
Mimik, 22
mimisches Signal, 23
minderwertiger Pol, 34
Minderwertigkeitsgefühl, VI
Misstrauen, 122
Mittelalter, 17
Mobbing, 125
Mythos vom Knaben Narkissos, 4

N

Nächstenliebe, 27
Nähe, 127
Näheintoleranz, 128
Narzisse, 4
Narzissmusinventar, 86
narzissstischer Missbrauch von Macht, 42
narzisstisch idealisierte Beziehung, 33
narzisstisch motivierter Impuls, 69
narzisstische Balance, 27
narzisstische Bedürftigkeit, 72
narzisstische Bipolarität, 59
narzisstische Gratifikation, 14, 40
narzisstische Größenfantasie, 70
narzisstische Instabilität, 58
narzisstische Kollusion, 32, 34, 132
narzisstische Korruption, 67
narzisstische Krise, 115
narzisstische Kultur, 16
narzisstische Motivationsquelle, 69
narzisstische Persönlichkeit, V
narzisstische Persönlichkeitsstörung, 47, 83
narzisstische Spiegelung, 22
narzisstische Überhöhung, 46
narzisstische Verunsicherung, 37
narzisstische Vulnerabilität, V, 87
narzisstische Wut, 50, 92, 135
narzisstischer Missbrauch, 107, 109
narzisstischer Persönlichkeitsanteil, 80
narzisstischer Vater, 108
narzisstisches Elternteil, 111
narzisstisches Gleichgewicht, 82
narzisstisches Zeitalter, 16
Neid, 95, 113, 120
neoliberale Sichtweise, 18
Neoliberalismus, 66
Nichtanerkennung, 110
Nobelpreis, 60
Nobelstiftung, 60
Nur-Hausfrau, 35
Nymphe Echo, 4
Nymphe Leiriope, 4

O

ohnmächtiges Selbst, 108
Olympiade, 58
Operationalisierung, 88

P

Paarberatung, 134
Panik, 15
Papst, 56
Parallelgesellschaft, 10
Parallelkultur, 10
Partnerwahl, 131
pathologischer Narzissmus, 7
Peergroup, 100
perfektionistisch, 73
Persönlichkeitsanteil, 85
Persönlichkeitsstörung, 89, 139
Pfaundler, H. von, 25
Philemon und Baucis, 5
Pitt, B., 32
Pogrom, 47
politische Macht, 40, 41
Popkultur, 57
postheroisches Management, 71
Prominenz, 67
promiskuöse Sexualität, 130
Propaganda, 46
Provokation, 57
psychische Störung, 12
Psychoanalyse, 146
Psychohygiene, 36
psychologisches Grundbedürfnis, 6, 22
psychosomatische Erkrankung, 117
Pubertät, 99
Publikum, 44

R

Rachsucht, 136
Rapper, 58
Rassismus, 57
Realitätsverlust, 99
Realselbst, 98
Reflexionsfähigkeit, 116
reformpädagogisches Ziel, 74

Renaissance, 59
res publica, 41
Richter, G., 61
robuster Narzissmus, 83
Rolle und Person, 44
Rollenverteilung, 35
Romantik, 33
romantische Liebe, 33
rosarote Brille, 32

S
säubern, 47
Scham, 98
Schamaffekt, 91
Schatten, 46
Schmerz, 118
Schneewittchen, 121
Schönheit, 121
Schwarz-weiß-Ideologie, 123
Sehnsucht, 126
Sehnsuchtsmotiv, 114
Selbstaufopferung, 29
Selbstaufopferungsbereitschaft, 13
Selbstgefühl, 22, 99
Selbstisolation, 80
Selbstkasteiung, 27
Selbstliebe, 27
Selbstregulation, 82
Selbstschädigung, 27
Selbstvermarkter, 60
Selbstvernichtung, 29
Selbstwertgefühl, 80
Selbstwertkrise, 96
Selbstwertregulation, 94
Selbstzweifel, 97
Seniorchef, 48
Sexismus, 57
Sexualität, 128
Showbusiness, 16
Sloterdijk, P., 68
Smith, A., 19
soziale Gerechtigkeit, 12
Sozialismus, 17
Spaltung, 47, 111

Spiegelung, 22, 92, 97, 107
spielerische Liebe, 133
Sprachcode, 58
Sprachexperiment, 25
Starkult, 61
Starmanager, 56
Status, 87
Strahlung, 69
Strukturniveau, 91
Subgruppe, 16
Substanz, 67
Substanzkonsum, 124
Sucht, 43
Suchtkrankheit, 123
suizidale Krise, 144
Superreiche, 67

T
Taylor, E., 36
Teenageralter, 55
Teiresias, 4
the winner takes it all, 55
Therapie, 146
thymotische Kraft, 68
Toland, J., 49
Totalverlierer, 55
Traumatisierung, 105
Traumpaar, 32
Traumpartner, 33
Trennungsangst, 93
Trophäenfrauen, 6

U
unbeirrter Narzisst, 90
Unfehlbarkeit, 122

V
Verachtung, 80, 113, 116
Vergötterung, 105
Verletzlichkeit, 92, 94
Verliebtheit, 32, 126
vermeidender Bindungsstil, 112, 127
Verrat, 136
Verschmelzung, 108
Verwöhnung, 105

Vortragshonorar, 66
vulnerabler Narzisst, 90

W
wechselseitige Idealisierung, 32
weiblicher Narzissmus, 118
Wertschätzung, 22, 26
West Side Story, 58
Winehouse, A., 62

Winner-Typ, 18
wirkt eine Therapie, 145
wirtschaftsliberales Credo, 19
Wir-gegen-sie-Dynamik, 28
wohltätiger Verein, 74

Z
Zielorientierung, 89
Zweiter, 55

GPSR Compliance

The European Union's (EU) General Product Safety Regulation (GPSR) is a set of rules that requires consumer products to be safe and our obligations to ensure this.

If you have any concerns about our products, you can contact us on

ProductSafety@springernature.com

In case Publisher is established outside the EU, the EU authorized representative is:

Springer Nature Customer Service Center GmbH
Europaplatz 3
69115 Heidelberg, Germany

www.ingramcontent.com/pod-product-compliance
Lightning Source LLC
LaVergne TN
LVHW010342260326
834688LV00036B/839